채움

진짜 변화와
성공을 가져오는

채움

채민 지음

시간여행

추천사

소중한 것을 나누는 저자의 마음이 담겨있습니다

채민 작가와 가깝게 지낸 지 벌써 20년이 넘었습니다. 한 사람의 성장 과정을 지근거리(至近距離)에서 지켜보는 일은 축복입니다. 미성숙한 모습이 어느 순간 성숙한 모습으로 바뀌는 과정을 마주하면서 이렇게 추천의 글까지 부탁하는 채민 작가로 인해 저는 더할 나위 없이 감사할 따름입니다.

제가 누군가를 추천할만한 깜냥이 되지 않는 것은 제 주변 분들이 더 잘 아실 겁니다. 그러나 이런 막중한 글을 부탁할 때 저에게는 어떤 무거운 사명감이 일어납니다. 저자의 글을 접하면서 제가 느낀 점은 너무나 글이 쉽고, 명확하고, 구조적인 점이었습니다. 글을 업 삼아 사는 자로서 많은 글을 읽어왔습니다.

그러나 이책은 저에게 신선한 공기처럼 다가왔습니다. 글은 사람의 생각이 밖으로 표출된 것이기에 이 책의 내용은 작가의 생각이 반영된 것입니다. 오랜 시간 학생들을 가르치면서 형성된 논리와 반복된 학습을 통해 다듬어진 깊이가 어우러진 단편들이 이 책으로 재창조되었습니다.

한국을 이끌 다음 세대에게 깊은 울림을 줄 책을 소개하는 것이 마냥 기쁩니다. 선생님이 학생에게 가장 소중한 것을 나누어주는 저자의 마음이 이 책에 담겨 있습니다. 작가가 겪었던 아픔과 상처가 녹아있습니다. 이런 아픔과 상처를 다음 세대로 전이(Impartation)되지 않도록 하고 싶은 저자의 바람이 이 책에 고스란히 있습니다. 부디 많은 사람이 독자가 되어 저자가 소망하는 세상에 동참하기를 기원합니다.

-LIFE LINK 대표 피기영

건강하게 성장하는 채움을 실천할 수 있게 하여줍니다

이 세상에 현존하는 수많은 채널과 매체의 범람 속에 『채움』은 마른 땅에 단비와 같은 메시지를 제공하여줍니다. 많은 사람이 공허한 마음을 무엇으로 어떻게 채울지를 알지 못하여 자신이 누구인지, 어떤 사람인지, 무엇을 해야 할지, 모르고 생활합니다.

이러한 안타까운 현실 속에서 모든 사람에게 평등하게 부여된 공간을 정리하고, 체계를 잡아주는 『채움』은 다음과 같은 점을 생각하게 합니다.

마음의 속성을 구체적으로 이해하는 것이 중요하다는 것을 깨닫게 하고, 독자의 마음속에 왜곡되어 채워진 이미지를 걸러내는 것이 필요하다는 원리를 쉽게 이해하게 합니다. 마지막으로 진리를 추구하고 인내심을 기르며 건강하게 성장하는 채움을 실천할 수 있도록 영감을 부여해 줄 것입니다.

이 책을 통해 확실하게 성장하는 우리 사회의 구성원이 되기를 기대합니다.

–(前) CGN TV PD · 연세대학교 국제학대학원 한국학 석사 유지윤

감사의 글

사람에게 주어진 삶을 산다는 것은 참 귀한 일입니다. 그렇기에 하루하루의 순간이 귀하고, 만나는 이들이 귀하고, 경험하는 모든 순간이 귀합니다. 『채움』이라는 책을 쓰는 과정도 그러하였습니다. 『채움』의 집필은 3~4년이라는 시간이 걸려서 결실을 보게 되었습니다.

사람의 성장과 변화 과정을 꼼꼼히 들여다 보면서 성공을 향한 본능적 욕구를 충족시키기 위해 나아갈 방향을 찾고자 시도했습니다. 그렇게 여정을 시작했습니다. 수록된 내용의 많은 부분은 오로지 하나님께서 주신 영감 때문입니다. 부족한 제게 통찰력을 주시고, 때마다 놀라운 지혜를 주셔서 글로 채워 주셨습니다. 『채움』이 나올 수 있었던 것도 그분의 말씀이 있어서였습니다. 모든 영광을 하나님께 돌립니다.

고등학생 시절에 만나 25년이 넘도록 스승과 제자로 연이 이어지는 스승의 영향 덕분에 20대에 접어들면서 본격적으로 시작된 글쓰기와 독서는 제 삶의 지표가 되었습니다.

스승은 제게 힘을 실어주셨고, 삶의 순간순간마다 나침반이 되어 주셨습니다. 책을 본격적으로 읽게 된 것도, 다독의 삶을 살고 계시는 스승으로부터 가르침과 자극을 받았기 때문입니다. 오랜 시간 늘 곁에서 나침반이 되어 주시며 지금도 중요한 순간에 멘토가 되시고, 가르침을 주시는 피기영 선생님께 감사의 인사를 드립니다.

귀한 추천사를 써주신 유지윤 연구원님에게도 감사의 인사를 드립니다. 바쁜 시간에도 불구하고 시간을 내어 원고를 검토해 주고 소중한 피드백을 나누어 주신 두 분으로 인하여 『채움』은 더욱 값진 원고가 될 수 있었습니다. 부족한 제게 소중한 나눔을 주시고 귀한 추천사를 써주셔서 다시 한번 감사의 마음을 전합니다.

또한, 시중에 나와 있는 귀한 보석 같은 도서와 진주 같은 강의들이 있었기에 많은 부분에서 도움을 얻을 수 있었습니다. 수년 혹은 수십 년에 걸쳐 나온 저자들의 귀한 연구와 경험이 『채움』이 탄생할 수 있는 바탕이 되었습니다. 일일이 열거할 수 없어도 도움을 받은 모든 저자에게 감사의 인사를 드립니다.

『채움』을 집필할 수 있었던 또 하나의 큰 힘은 제 아내 덕분입니다. 어려운 순간에도 묵묵히 곁에서 지켜보며 격려하고 인내하여

준 아내가 있었기에 가능한 일이었습니다. 혼자서는 통과하기 어려운 순간들이 있었습니다. 때마다 손을 붙잡고 일으켜주며 묵묵히 힘을 실어주는 아내로 인해 견딜 수 있었고 지속할 수 있었습니다. 저의 소중한 가족이자 제 몸과도 같은 부모님께도 감사의 인사를 드립니다. 어머니, 장모님, 장인어른의 한결같은 보살핌과 든든한 버팀목이 되어 주시는 사랑과 은혜가 있기에 제가 성장할 수 있고 달려갈 수 있음을 깊이 감사드립니다. 아내와 가족 모두 사랑합니다.

저의 울타리이자 소중한 보금자리인 예수생명교회의 성도님들에게도 감사의 인사를 드립니다. 삶의 순간순간에 힘을 낼 수 있었던 것은, 저를 응원해 주시는 분이 계시기에 감당할 수 있는 일이었습니다. 어려울 때마다 도움의 손길을 마다하지 않는 소중한 한 분 한 분이 계셔서 지금의 제가 있는 것을 감사히 생각하고 있습니다. 함께 하는 이들만큼 힘이 되는 것이 없습니다. 마음을 같이하고, 생각을 같이하고, 인생을 함께 하는 분들이기에 더없이 소중한 분들임을 고백 드리고 싶습니다. 기도해 주셔서 감사드리고, 응원해 주셔서 감사드리고, 힘을 실어주셔서 감사드립니다.

마지막으로 『채움』이 출간되도록 귀한 연이 되어 주신 김경배 대표님께 감사의 인사들 드립니다. 부족한 제게 좋은 말씀을 나누어 주시고, 삶의 지혜를 전해주시고, 힘을 실어주셔서 감사드립니다. 출간의 과정에 있어서 하나하나 소중하게 도움 주시고, 저의 의견에도 귀 기울여 주시는 관용의 마음에 깊은 감사의 인사를 드립니다.

이 책을 읽는 독자가 되시는 한 분, 한 분께도 감사의 마음을 전해 드립니다. 제가 경험하고 깨달은 바가 독자님들에게도 오롯이 전달되어 세상을 향한 걸음에 도움이 되길 바랍니다. 다시 한번 감사 인사를 드립니다.

2021년 5월

저자 채민 드림

저자의 말

자기발전은 채움의 과정이 없이는 이루어지지 않는다

자기계발? 아니다. 자기발전이 핵심이다. 자기계발이 아닌 자기발전이 답이다. 오랜 시간 사람들은 삶의 도약을 위해, 그리고 성공의 삶을 향해 자기계발에 매달렸다. 어떻게 보면 맞는 말이고, 좋은 현상이며 성공의 답처럼 들리기도 한다. 그러나, 수많은 고민과 연구 끝에 저자가 찾아낸 삶의 해법은 '자기발전'이었다. 아래의 도식을 보자.

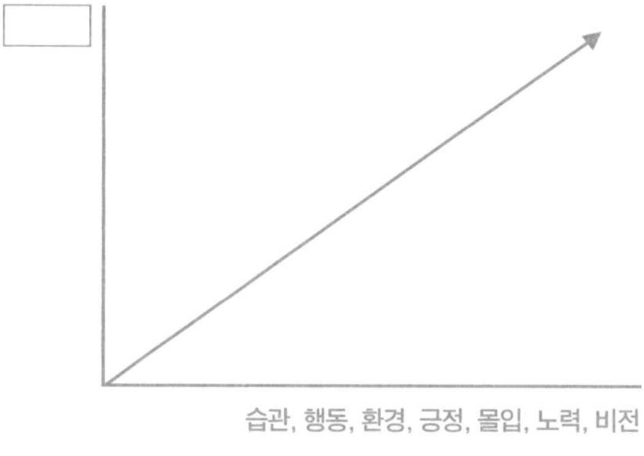

□가 보이는가? 빈칸을 채울 수 있겠는가?

어떤 이들은 □ 안에 '성공'이라고 쓸지도 모르겠다. 굳이 따지면 틀린 말은 아니다. 그러나 우리의 삶은 차선이 아닌 정답을 바란다. 저자가 수십 년에 걸쳐 찾아내고 완성한 삶의 도약 공식 혹은 성공의 공식은 '자기발전'이다.

시중에 나와 있는 수많은 책에는 자극적이며 달콤한 이야기를 설파하고 있다. 귀한 내용이며, 좋은 이야기를 설명하는 책들이다. 다만, 저자의 연구 끝에 도달한 수많은 책과 강의의 최종 목적지는 단 하나로 귀결되고 있음을 알게 되었다. 그것은 '자기발전'이다.

습관이 중요하고, 실행이 중요하고, 노력과 몰입이 중요한 이유도, 다른 요소가 중요한 이유도 결국은 이런 요소들이 자기발전과 '연결'되기 때문이다. 이 요소들이 '자기발전'과 연결하고 있기에 이로부터 변화가 파생하고, 성장이 이루어지며 삶의 도약이 이루어지는 것이다.

변화는 '어제의 나'에서 '미래의 나'로 가고자 하는 '오늘을 사는 이'에게 찾아온다. 비전 없이, 목표 없이 '오늘만 사는 이'에게는 어제와 똑같은 오늘이 주어질 뿐이다. 이 차이를 구분할 수 있겠는가? 지금 한번 자신에게 물음을 던져보자.

나는 '미래의 나'를 위해 '오늘을 사는 나'인가?

나는 어제와 똑같은 '오늘만 사는 나'인가?

전자의 삶을 사는 사람과 후자의 삶을 사는 사람은 거시적 관점에서 보았을 때는 큰 차이가 보이지 않을 수 있다. 그러나 기억하여야 할 것은, 전자의 삶을 살아가는 사람에게는 항상 미시적 변화가 진행되고 있다는 사실이다.

미시적 변화란, 미시적 발전이 축적되고 있는 것이다. 이러한 사람이 만약 주변에 있다면, 단언컨대 오래가지 않아서 수년 내에 놀라운 삶의 도약을 이루어 낼 것이다.

결국, 삶의 도약, 변화와 성장, 성공에 이르는 삶의 키워드는 자기발전이다. 저자가 『채움』을 통해 궁극적으로 전달하고자 하는 바는 바로 '자기발전'이다. 그러나 '자기발전'은 '채움'의 과정이 없이는 이루어지지 않는다. 이 책을 집필한 이유이다. 각기 다른 성공의 요소들이 어떻게 작동하고 어떠한 의미가 있는지를 알아야 성공할 수 있다. 삶의 변화 즉, 도약을 이루어 낼 수 있다.

이 책이 말하고자 하는 바를 절대 놓치지 마시라 당부드린다. 핵심을 붙잡고 가면 이 책이 주려는 삶의 열매들을 얻을 수 있을 것이라 확신한다.

2021년 5월

저자 채민

변화와 성장 그리고 성공하는 삶은 모두에게 허락된 것입니다

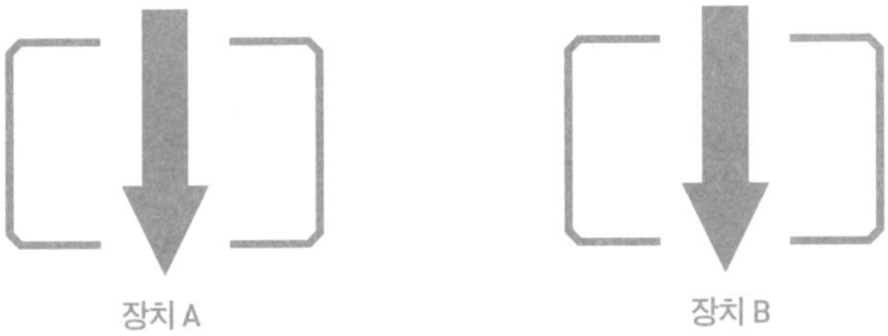

겉보기에는 같아도, 다른 결과물을 내는 장치가 있다. 하나는 장치 A를 통과하고, 다른 하나는 장치 B를 통과하고 있다. 겉으로 보기에 다른 것이 없어 보이는 장치이다. 장치와 작동방식이 같다. 다만, 내부의 모습이 다를 뿐이다. 이제 아래 그림을 들여다보자.

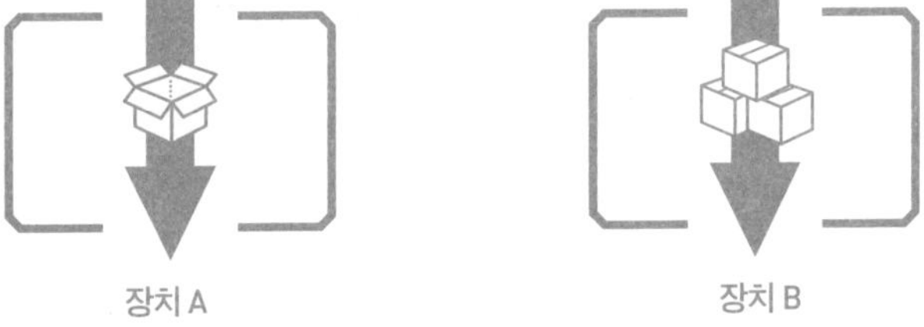

장치 A와 장치 B의 내부를 들여다보았더니, A에는 비어있었고, B 안에는 채워진 것이 있다. 같은 장치와 작동방식이라 하더라도, 내부가 다르면 다른 결과물이 나올 수밖에 없는 장치인 것이다.

오랜 기간, 저자가 궁금했던 궁금증이 풀렸을 때, 그것을 알아보기 쉽게 그림으로 표현해 보아야겠다고 생각했다. 그리고 나온 그림이 바로 두번째 그림이다. 매우 단순해 보이는 그림이다. 이처럼 단순해 보이는 그림이지만, 여기에는 수많은 사람이 놓쳐버린 본질이 담겨 있다.

살면서 어떤 바람이나 목표를 가져보지 않은 사람은 아마도 없을 것이다. 인간의 기본욕구인 의식주에 관한 문제만 해도 우리가 바라는 것이 있다. 그리고 이러한 의식주 말고도 많은 사람은 어떤 목표를 이루고 싶어 하며, 성공하기를 바라는 소망이 있다.

저자도 이러한 욕구가 있는 한 인간으로서 오랜 시간 동안 이 욕구를 충족하거나 목표를 이루어줄 어떠한 법칙을 알고자 달려왔다. 수많은 책과 강의를 통해, 혹은 경험을 통해 이쯤이면 알게 되겠지 하는 마음을 가지고 달려왔지만, 어느 시점에선가 자신을 돌아본 나는 이내 허탈감을 감출 수가 없었다.

이러한 허탈감이 비단 나에게만 찾아온 것이 아니었을 터이다. 삶의 도약 점을 바라는 수많은 사람이 이러한 허탈감 앞에서 나아가지 못하는 모습을 보았다. 넘어진 자는 일어서야 한다. 상처 입은 자는 회복해야 한다. 그 누구도 제자리에 머물고 싶은 사람은 없다.

소망을 갖지 않는 사람은 아무도 없다. 더 나은 삶을 향한 바람은 인간에게 허락된 본능이다. 그러나, 이러한 소망 앞에서 어떤 이는 목표를 이루고, 어떤 이는 조금의 발걸음만 내디딜 뿐 한 걸음도 내딛지 못하는 이도 있다. 이것이 저자는 매우 궁금했다. 왜 이런 결과가 생기는 것일까?

무엇이 어떤 이는 앞서 나가게 하고, 어떤 이는 발걸음조차도 무겁게 만드는 것일까? 이 책은 본질이란 우물 속으로 들어가 건져내지 못한 답을 찾아주는 책이다. 물론 사람마다 느끼는 바가 다르고, 다른 경험이 있는 것처럼 같은 생각을 하지 못할 수도 있다. 중요한 것은 목마른 자가 우물을 찾는다는 것이다.

모소 대나무에서 배우는 변화의 법칙

중국의 극동지방에서만 자라는 희귀종인 '모소 대나무'. 이 대나무가 자라는 과정을 통해 우리가 나아갈 방향에 대해 깊이 생각해 볼 수 있다. 모소 대나무는 여타의 다른 나무와 자라는 모습이 다르다. 아무리 열심히 가꾸어도 도무지 자라는 기미가 보이지 않는다. 죽순이 싹을 틔우고 4년 동안 지켜보았음에도 고작 3cm 자란 것에 불과하다. 이런 것이 우리 삶에서 보이는 모습이라면 누구라도 혀를 끌끌 차지 않을까? 그러나 반전은 5년째부터이다. 매일 무려 30cm 이상 자라며 6주 동안 15m가 넘는 대나무로 성장하여 일대를 울창한 숲으로 만든다.

변화와 성장, 성공하는 삶을 바라는 이들에게 사막의 오아시스

같은 책이 발행되길 저자는 소망했다. 나 또한 성공을 바랐기 때문이다. 그런데, 시중에 나와 있는 자기계발서를 수십 권 읽어보아도 어딘지 2% 부족하다고 생각했다. 중요한 이야기라는 것은 알겠는데, 매우 핵심적이고 분석적인 내용이라는 것도 알겠는데, 그것이 실제 삶으로 적용하기엔 '가까이하기엔 너무 먼 당신'처럼 다가왔다.

나는 이러한 부분을 들여다보고자 했다. 왜? 그토록 좋은 책들을 나에겐 적용할 수 없었던 것일까? 왜 책의 내용이 사람을 변화시키지 못하는 것일까? 분명히 좋은 자극이 되고 있음은 틀림없다. 그러나 그것만으로는 부족하다. 나는 모소 대나무의 성장 과정을 통해 변화와 성장 과정에서 빠진 것이 있음을 발견했다.

① 변화와 성장 과정에는 일종의 법칙들이 있다.

② 변화와 성장 과정에는 먼저 다뤄져야 할 요소가 있고, 나중에 다뤄져야 하는 요소가 있다. 이것은 철저히 구분되어야 한다.

③ 변화와 성장 과정에는 분명한 프로세스가 존재한다.

우리가 음식을 먹을 때에도 일련의 순서에 따른다. 음식은 식도를 거쳐 바로 몸 밖으로 배출하는 것이 아니다. 마찬가지로 습관을 고친다고 해서 바로 변화가 찾아오는 것이 아니다. 생각을 바꾼다고 바로 변화하지 않는다. 그런데, 이것을 설명하는 책은 보이지 않았다. 각 요소의 중요성을 다루고 심층적으로 연구하여 나온 책은 많이 있지만, 작동하는 실제에 대해 파고 들어간 책은 필자는 아직 보지 못했다. 변화와 성장 과정을 다시 들여다보기로 했다. 그리고 작동하는 실제 원리를 파헤쳐 찾아냈다. 이 책은 너무도 중요한 변화의 요소들이 어떻게 해서 실제 열매의 단계로 갈 수 있는지를 들여다본다.

④ 변화와 성장 요소들에는 비슷한 그룹으로 묶여야 하는 것이 존재한다. 가령, 믿음과 자신감, 신뢰 등은 같은 그룹으로 묶여야 한다. 우리가 쉽게 변화의 과정을 이루어내지 못하는 이유는 모든 요소를 나열하고 또 모든 요소를 공부하기 때문이다. 좀 더 실제적인 접근이 필요하지만, 나열하고 공부하는 단계에서 끝난다.

그렇기에 결실을 보지 못하는 것이다. 저자가 학생들에게 공부를 가르치던 경험에 의하면 공부를 정말 잘하는 학생은 무턱대고 공부만 하지 않는다. 체계를 잡고, 흐름을 파악하고, 그것을 정리하면서 핵심내용을 파악한다. 성공을 향한, 변화와 성장을 향한 우리 삶의 여정에서도 반드시 이러한 접근이 있어야 한다. 무엇을 어떻게 연결하는지, 어떠한 흐름으로 이어지는지, 같은 그룹으로 묶일 것은 무엇인지, 무엇이 시작점이고 다음에 이어질 요소들은 무엇인지 명확하게 짚고 넘어가야 한다.

이 책의 1장에서는 변화와 성장단계를 들어가기에 앞서 다시 생각해야 할 내용을 정리했다. 그렇게 준비가 되면 2장에서 여정을 시작한다. 3장에서는 채움의 뿌리 단계인 '갈망'을 설명한다. 모든 변화의 시작은 '갈망'에서부터 시작한다. 습관도 아니고 생각도 아니고 실행도, 몰입도 아니다. 변화를 위한, 변화의 삶을 향한 갈망이 시작될 때 비로소 문이 열린다.

변화의 문을 열고 들어가면 이제 씨앗을 뿌려야 한다. 3장의 '갈망'을 지나면 씨앗 심기의 내용으로 이어진다. 그리고 여기에도 먼저 심어야 하는 씨앗도 순서가 있다. 자신을 바르게 인지하는 메타인지가 형성이 되어야 무엇을 어떻게 해야 하는지에 대한 지침을 내릴 수 있다.

다음으로는 자극이 있어야 한다. 일종의 동기부여이다. 자극이 주어지지 않으면 나갈 수 없다. 다음으로 믿음과 신뢰가 이어진다. 이런 식으로 채움의 씨앗이 뿌려지고 나면 확장의 단계로 건너갈 수 있다. 즉, 씨앗의 단계가 통과되지 않은 상태에서 4장에서 말하는 가지 뻗기 단계(실전 법칙)를 바로 가면 문제가 발생한다.

저자는 작동방식과 원리를 놓치지 말라고 당부하고 싶다. 자동차의 시동을 걸 때도 순서가 있다. 브레이크를 밟아야 시동이 걸리는 것처럼 무턱대고 시동 버튼부터 누른다고 시동이 걸리지 않는다. 채움의 뿌리 단계를 통과하면 채움의 씨앗 단계를 거치고, 씨앗 단계를 통과하고 나면 채움의 가지 뻗기(실전 법칙)로 들어갈 수 있다.

마지막으로 5장에서는 변화와 성장 과정의 본질을 되짚어본다. 무엇이 핵심인지, 무엇이 본질인지를 알면 변화의 삶은 어려운 미션이 아니다.

자, 이제 준비는 되었다. 이제 이 책에서 설명하는 대로 따라가 보자. 감추어진 비밀들이 풀어질 것이다. 그동안 무엇을 놓쳐버렸는지, 왜 그토록 변화와 성장의 과정을 따라가는 것이 어려웠는지를 비로소 알게 될 것이다.

변화와 성장, 그리고 성공하는 삶은 모두에게 허락된 것이다. 다만 그 비밀을 아는 이는 문을 열 수 있다. 건투를 빈다.

2021년 5월
저자 채민 드림

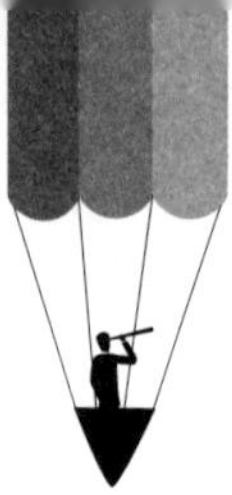

차 례

제1장

다시 돌아보기

제2장

여정의 시작

제3장

채움의 씨앗 & 뿌리

제4장

채움의 실전 법칙

제5장

채움의 본질

1장

다시 돌아보기

01. 성공한 사람들

"그들은 어떻게 해서 성공했을까?"

우리는 종종 이렇게 질문을 던진다. 그리고 해답을 찾기 위해 나름의 방법을 선택하곤 한다. 저자도 오랜 시간, 이 질문을 해왔다. 그리고 지금은 질문의 방향을 바꾸었다. 이전에는 "그들은 무엇을 해서 성공했을까? 어떻게 해서 성공했을까?"와 같은 질문이 주된 관심사였다. 오랜 시간이 지난 후에야 나는 질문이 잘 못 되었음을 알았다.

그들은 무엇이 달랐을까? 나와 그들 사이에는 어떠한 차이가 있을까?

우리는 질문을 바꿔야 한다. 어떤 해법을 찾기 위한 질문보다, 본질을 찾기 위해 질문을 던져야 한다. 본질에서 진정한 답이 나오기 때문이다. 본질을 놓치면 답을 놓쳐버리는 것과 같다. 바다의 근원을 찾고자 한다면 바다의 중간을 보겠는가? 아니면 물줄기가 시작되는 지점으로 가겠는가? 본질은 그래서 중요하다. 시작을 잘 못하면 얻고자 하는 목표의 종착지에 도달할 수 없을 뿐만 아니라, 시작부터 헤맬 수 있다.

통찰력의 핵심은 본질에서 생각하는 것이다. 본질에서 생각하지 않으면 올바른 해답이 절대 나오지 않는다. '본질'을 보지 못하고 눈에 보이는 '현상'만으로 판단하면 절대 올바른 의사결정을 할 수 없다.

당연히 좋은 성과로 이어지지 못한다.[1]

『1등의 통찰』 저자는, '본질을 보지 못하면 현상만으로 판단하게 된다'라고 말한다. 현상만으로 판단하면 어떤 결과가 나올까? 당연히 올바른 결과를 내지 못한다. 그렇기에 우리가 무엇을 얻고자 한다면, 본질부터 들여다봐야 하고 본질에 다가가기 위해서는 질문을 바꿔야 한다.

자연에는 수많은 자연법칙이 있다. 그리고 이러한 법칙은 인류의 역사가 흘러오는 동안 수많은 사람이 발견했다. 그 수만 해도 이루 헤아릴 수 없을 정도이다. 자연에 수많은 법칙이 존재하고 있다면 성공에도 어떤 법칙이 존재하지 않겠는가? 자연에 어떠한 작동 원리가 있다면 성공에도 성공의 작동방식이 있지 않겠는가? 저자는 성공의 작동방식을 알기 위해 성공의 기본을 살펴보기로 했다. 기본을 알아야 본질을 발견할 수 있을 것이라는 생각에서였고, 지금도 그 여정을 이어가고 있다.

성공 법칙의 본질은 무엇일까? 그것은 성공한 사람이 지닌 그들의 기본에 달려있다. 그렇기에 우리는 그들이 무엇을 기본으로 삼고 있는지를 알아야 한다. 그동안 많은 사람이 법칙에 매달려 왔음은 변명할 여지가 없다. 마치 법칙이 로또 당첨을 가져다줄 것처럼 말이다. 그러나, 알고 보면 진짜 해답은 법칙에 있는 것이 아니다. 성공한 사람이 어떤 법칙을 따랐을 것이라고 생각이 들 수 있겠지만, 정작 그들의 핵심은 법칙이 아닌 「기본」에 있다는 것을 알아야

---

1. 히라이 다카시. 『1등의 통찰』, 다산 3.0. 2016. p17-18.

한다.

나의 기본과 그들의 기본이 다르면 나는 나의 삶을 살고, 그들은 그들의 삶을 산다. 기본이 다르면 나는 내 생각을 하고, 그들은 그들의 생각을 한다. 기본이 다른 것으로 인해 같은 것을 보면서도 그들과 나는 다른 것을 느끼고, 다른 해석을 하는 것이다. 우리는 이것을 알아야 한다. 이제 우리는 그들의 기본으로 들어가야 한다. 그리고 그들의 기본을 나의 기본으로 가져오는 작업을 해야 한다.

다시 말해, 법칙에 매달리지 말고 기본이 무엇인지부터 알아야 한다. 기본이 다르면 결괏값이 달라질 수밖에 없다. 성공담은 세상에 무수히 많이 있다. 법칙을 설명하는 책도 홍수같이 퍼져있다. 나도 성공담에 매달렸고, 성공 신화를 찾아다녔다. 그러나 어떻게 되었을까? 기본을 놓쳐버린 채, 매달렸던 성공 신화는 원하던 변화를 가져다주지 못했다. 원하던 목표에도 가까이 가지 못했다. 어느 정도의 성장만 가져다주었을 뿐이다.

그들이 살아가는 방식을 면면히 들여다보면 어쩌면 큰 차이가 보이지 않는 것처럼 느껴질 때가 있다. 그래서 많은 사람이 발견하지 못하고 지나친다. 늘 같은 이야기를 늘어놓는 것처럼 느끼고, 그들의 이야기에서 별다른 감흥을 느끼지 못하는 이유로 인해 깨달음을 얻지 못하는 경우도 있다. 그렇다면, 성공한 사람들은 그동안 거짓말을 해왔던 것일까? 비밀은 숨기고 중요치 않은 이야기만 해왔던 것일까?

아니다. 이전에도 그랬고, 지금도 여전히 그들은 핵심을 말하고 있다. 다만, 깨닫지 못한 사람들이 헤매고 있을 뿐이다. 이제는 헤매지 말고 그들 속으로 들어가서 그들의 진짜 이야기를 들어야 한다. 그들의 진짜 이야기 속에서 의미를 깨달아야 한다. 그리고 그들의 기본이 무엇인지를 발견해야 한다.

기본이 무엇일까? 그들의 기본에는 무엇이 있을까?

이 질문은 변화를 갈망하는, 성공을 갈구하는 모든 사람에게 필요한 질문이다. 변화와 성공에 대한 법칙보다 중요한 것은 나의 기본이 무엇인지를 아는 것이다. 그리고 성공한 사람의 기본과 나의 기본이 무엇이 다른지를 살펴보는 것이다.

나의 기본? 어쩌면 한 번도 생각하지 못한 말이어서 무슨 말일까? 하는 사람도 있을 것이다. 이것은 '나'라는 존재를 어떻게 생각하고 느끼는가에 대한 물음이다. 이와 더불어 성공한 사람은 행동에 초점을 맞추지 않았다는 것을 알아야 한다. 그들은 행동보다는 존재에 초점을 맞추었고, 본질에 초점을 맞추었다. 즉, 무엇인가를 해야 하는 행동 자체에 중요성을 두지 않았고, 자신을 변화시키는데 초점을 두었다. 이것이 바로 나와 다른 그들의 기본이다.

다른 말로 바꾸어 말하자면 성공한 그들에게는 보통 사람과는 다른 뼈대를 가지고 있다는 말로 바꾸어 표현할 수 있다. 뼈대가 다르다는 것은 무슨 의미일까? 뼈대가 다르다는 것은 다른 것을 완성한다는 의미이다. 재료가 같은데 다른 뼈대를 가지고 있으면 다른 모양이 만들어진다. 이것이 핵심이다.

그들은 법칙을 적용하려고 하지 않고 그들의 뼈대 즉, 존재 자체를 변화시키려고 했다. 기본을 세우려고 했다. 아무리 좋은 법칙을 가져왔을지라도 기본이 없으면 그것이 나에게 적용될 리가 만무하다는 것을 그들은 알고 있었다.

성공한 그들의 기본 = 그들의 뼈대 = 성공이 만들어진다.

나의 기본 = 나의 뼈대 = 내가 만들어진다.

02. 인식에 관해

우리가 사는 세상이 내가 알고 느끼는 세상이 아니라, 다른 세상에 살고 있다고 생각해 본 적이 있는가? 우리가 믿고 있는 바가 사실상 다른 것이라고 느껴본 적이 있는가? 우리가 모두 착각하며 사는 것이라면 믿겨 지겠는가?

많은 사람이 착각 속에 살지만, 대개는 착각이 아니라고 생각하면서 세상을 살고 있다. 물론 인생의 모든 순간이 착각이라는 말은 아니다. 그러나 많은 경우, 우리는 착각하는 것조차 알지 못한 채, 종종 착각하며 세상을 산다.

이에 관한 한 재밌는 예화가 있다.

한 패스트푸드 기업에서 어느 날, 신제품 커피를 출시했다. 그리고 이에 대한 고객의 반응을 알아보기 위해 다른 가격대의 커피를 실험자에게 제공하고 이를 마시게 한 후 평가를 부탁했다. 실험자들은 다른 가격대의 커피를 느낄 수 있었을까? 그 차이를 발견할 수 있었을까?

이 실험의 결론부터 말하자면, 다른 가격대의 두 커피는 사실상 같은 커피였다. 그런데, 실험자들은 하나같이 다른 가격대 중에 더 높은 가격대의 커피가 다른 커피보다 더 부드럽고 깊은 맛이 난다고 평가했다. 심지어 어떤 실험자는 본인의 미각이 예민하여 그것이 다 느껴진다고 했다. 참 재밌지 않은가? 분명 같은 커피인데, 가격대를 다르게 붙였다고 해서 다른 것이 느껴진다고 하는 것. 대개 우리는 알지 못하는 사이 이렇게 착각하며 살고 있다.

2,000원 커피

4,000원 커피

우리가 어떤 행동을 하면, 행동 이전에 우리 몸에서 일어나는 작용이 있다. 바로 인식이라는 작용이다. 우리는 행동을 하기 이전에 인식이라는 과정을 거친다. 다시 말해, 행동으로 옮긴 후에 인식하는 것이 아니라, 인식한 후에 그에 따라 반응하는 것이다.

또, 한 가지는 우리가 지닌 믿음 혹은 신념에 대한 것이다. 흔히, 사람들은 보는 것을 믿는다고 한다. 그러나, 대개는 믿는 것에 따라 보고 싶은 것을 본다. 앞서 커피의 실험에서 알 수 있듯이 더 높은 가격대를 눈으로 보면, 우리는 이전의 경험 혹은 학습에 따라, 비싼 것이 더 고급지다는 일련의 믿음이 작동하고 이에 따라 반응한다.

성공에 대한 착각

우리는 성공하지 못한 이유를 착각하거나 성공한 것에 대해 착각하며 살고 있다. 이 착각을 벗어나지 못하면 우리는 끝내 변화와 성공이라는 인생의 목표지점에 도달하지 못하게 될 수도 있다.

많은 사람이 수많은 시도에도 불구하고 목표를 이루지 못하거나, 성공에 도달하지 못하고 있다. 그리고 그 이유에 대해 올바른 분석을 하지 못하고 있다. 여러 가지 원인이 있겠지만, 많은 경우에 사람들이 잘못된 착각을 하고 있기에 발생한 현상이다.

> 우리는 인생을 살아가면서 스스로 통제할 수 없는 사건을 자신이 원하는 대로 판단함으로써 수많은 문제를 자초한다. 실제로 거기에 있는 것을 바라보지 않고, 있을 거라고 혹은 있어야 한다고 생각하는 것을 바라보는 경우가 얼마나 많은가? 마음을 단단히 먹고 감정을 최대한 억제하면 실제로 거기에 있는 것을 바라볼 수 있다. 그러기 위하여 관찰하는 눈을 충분히 활용해야 한다.
>
> 문제는 인식이다. 인식은 우리에게 필요하지도 않은 정보를 제공한다. 거기에 정신이 팔리기보다는 지금 당장 우리 눈앞에 나타난 것에 전념하는 편이 백번 낫다.[2]

인식으로 인해 필요하지도 않은 정보만 들어온다면 그나마 다행이다. 잘못된 정보가 들어오면 그것이 우리가 바라보는 세상을 왜곡하게 만드는 것이 더 문제이다.

---

2. 라이언 홀리데이. 『돌파력』. 흐름 출판. 2017. P54.

우리 주위에서 흔히 볼 수 있는 동물의 시각과 인간의 시각에 대한 주목할 만한 결과가 있다. 이 이야기는 세상을 바라보는 차이에 대한 단적인 예라고 생각한다. 이를테면, 고양이가 바라보는 세상, 개가 바라보는 세상, 박쥐가 바라보는 세상 그리고 인간이 바라보는 세상이 다르다. 결론부터 이야기하면 동물과 인간은 같은 세상을 살면서 다른 세상을 보고 느끼며 산다.

고양이의 눈은 사람보다 6~8배 더 많은 간상세포가 있어 밤에도 잘 볼 수 있지만, 색을 구별할 수 있는 원추세포는 적거나 거의 없어서 파스텔 색조의 세상을 본다. 개는 노란색과 보라색을 감지하여 이를 통해 전달되는 색의 정보로 세상을 본다. 그러나 사실, 개가 보는 세계는 시각과 후각이 섞인 세상이다. 이와는 다른 방식으로 세상을 보는 동물이 있다. 바로 박쥐이다. 박쥐는 자신이 만들어 내는 초음파를 통해 음파의 반사로 그려지는 세상을 본다. 이처럼 같은 세상을 살아가는 동물과 인간이지만, 동물이 경험하고 접하는 세상은 인간과 다른 것이 보이는 세상이다.

이 이야기가 던져주는 중요한 메시지가 있다. 같은 세상을 산다고 생각하지만, 실재는 다르게 보이는 세상을 살고 있다면? 같은 이야기를 들었다고 하지만, 다른 이야기로 해석되어 들린다면? 우리는 '나'라는 필터를 통해 걸러지는 결과물에 따라 경험되는 세상을 살고 있다. 이런 이유로 인해, 같은 경험을 해도 사람마다 반응이 다르고, 느끼는 바가 다르고, 생각하는 바가 달라지는 것이다. 사람이라고 해서 모두 같은 것을 경험하는 존재가 아니라 개인마다 필터를 통해 출력되는 세상을 사는 것이 바로 우리이다.

우리가 인식하는 바에 따라 우리 삶의 방향을 좌지우지한다면, 인식 이전에 먼저 거쳐야 할 것이 있다. 그것은 바로 인식 자체가 착각을 하지 않도록, 왜곡이 되지 않도록 해야 한다. 착각과 왜곡이 아닌 본질에 접근하기 위하여 우리는 인식이라는 과정을 바르게 할 필요가 있다. 어떻게 해야 그것이 가능할까?

훈련과 반복 그리고 학습으로 가능하다. 가령, 어떤 사람이 고기는 몸에 해롭다고 인식하며 살아왔다면, '고기에 대한 인식'을 바꾸어야 한다. 이것은 단지, 생각의 변화만으로 이루어지지 않는다. 훈련과 반복, 그리고 학습을 통하여 잘못된 인식을 바로잡을 수 있다. 그리고 여기에 학습의 과정을 반드시 거쳐야 한다. 제대로 학습해야 제대로 훈련할 수 있기 때문이다.

인생은 살아지는 것이 아니라, 살아내는 것이다. 성공을 원한다면 성공하는 삶을 살아내야 한다. 살아지는 삶에는 동기도 목적의식도 없다. 반면에 살아내는 삶에 동기가 강하고, 목적의식이 강하게 작용한다. 이를 구분할 수 있겠는가? 우리는 이 부분을 눈여겨 보아야 한다. 성공한 사람의 살아간 이야기를 발견하려 하지 말고, 그들이 살아낸 이야기를 들어야 한다.

무엇을 인식해야 하는가?

제대로 된 인식을 하는 것은 중요하다. 그렇다면 무엇을, 어떻게 인식해야 할까? 인식에서 가장 중요한 핵심은 '잘못된 것'을 '올바른 것'으로 바꾸는 데 있다. 그리고 이러한 인식을 바꾸는 것을 적용해야 할 대상은 그 무엇보다도 '나'라는 사실을 잊지 말아야 한다.

내가 나를 바라보는 인식이 날라지지 않으면 변화는 찾아오지 않는다. 내가 나를 보는 인식을 바꾸지 않으면 변화는 시작되지 않는다. 변화의 시작은 언제나 그렇듯이 항상 '나'로부터 출발한다. 그러므로 내가 나를 보는 인식을 제대로 해야 한다.

홍해를 건너고, 광야를 건너 젖과 꿀이 흐르는 가나안 땅으로 향하던 이스라엘 백성들의 이야기를 기억할 것이다. 가나안 땅에 다다랐을 무렵, 무리는 12명의 정탐꾼을 보내어 그 안의 상황을 자세히 관찰하게 했다. 12명 중 10명의 정탐꾼은 크고 장대한 민족들이 사는 지역이라서 정복할 수 없을 것이라고 말하며 이내 겁을 먹었다.

그러나 여호수아와 갈렙(Caleb)은 다른 이야기를 전해준다. "그들은 우리의 먹이라(민14:9)"라고 말한다. 결과는 어떻게 되었을까? 10명의 정탐꾼은 가나안 땅에 들어가지 못하고 여호수아와 갈렙만이 가나안 땅을 정복했다. 가능성을 보는 것과 하지 못할 두려움을 느끼는 것은 상황에 의해서가 아니다. 내가 나를 보는 시각에 따라 다른 것을 느끼고 다른 것을 선택하는 것이다. 기회는 누구에게나 열려있지만, 이를 살리는 사람은 가능성을 선택하는 자이다.

보는 것을 믿는 것이 아니라, 믿는 것을 본다.

뇌과학에서 밝혀낸 놀라운 사실 중의 하나는 우리 몸의 체계가 완벽하지 않다는 것이다. 우리의 감각체계가 완벽하지 않기 때문에 불완전한 감각체계를 통해 우리 뇌에 어떤 정보가 들어오면 뇌는 해석의 과정을 거친다.

결국, 우리는 뇌에서 작용하는 해석의 과정을 통해 보이는 세상을 사는 것이다. 같은 것을 보아도 다른 것을 떠올리고 다른 말, 다른 생각을 할 수 있는 것은 이러한 해석의 차이가 있어서이다. 우리가 어떠한 강의나 책을 접했을 때, 강연자 혹은 저자의 이야기를 그대로 전달받지 못하는 이유는 그것을 받아들이면서 도움이 되지 않는 이야기로 해석하여 받아들였기 때문이다. 다음의 이야기를 살펴보자.

일전에 드레스 색상 논란이 세계의 이슈가 된 적이 있다. 포토샵(Photoshop) 프로그램을 만든 어도비(Adobe)사의 확인으로 화이트-골드가 아니라, 블루-블랙 드레스였던 것이 밝혀지면서 언쟁은 종식되었다. 이 이슈는 당시 많은 사람에게 신기한 경험을 갖게 했다. 색상을 사람마다 다르게 인식하는 것은 빛의 반사에 따른 착시 효과라는 분석이 일반적이다. 안구를 통해 빛을 받아들여 뇌에서 시각 정보를 추출하는데, 실제 색상을 뇌에서 받아들이는 과정에서 사람마다 차이가 발생한다.

뇌과학에 따르면 색상, 형태, 입체감은 뇌가 만들어 낸 해석이다. 그렇기에 우리 눈에 보이는 세상은 뇌의 다양한 해석을 통해 만들어진 결과물이다. 우리는 있는 그대로를 경험하는 것이 아니라 뇌를 통해 해석한 결과물의 세상을 사는 존재인 셈이다.

생각이 중요한 이유 그리고 생각과 인식의 변화가 필요한 이유는 바로 이 때문이다. 우리의 생각 체계나 인식하는 바가 어떤 해석을 내리는가에 따라 인생의 방향이 흘러간다. 그렇기에 인식하는 바가 제대로 된 방향으로 서 있어야 한다. 그렇지 않으면 우리의 잘못된 사고체계가 인생의 조정자(key maker)가 되어 잘못된 결과를 내는 방향으로 인생을 끌고 갈 수 있다.

신경생물학자 로저 스페리(Roger Sperry)[3]는 "뇌는 현실을 있는 그대로 알아보는 기계가 아니라, 나의 선택을 정당화하는 기계이다"라고 했다.[4] 뇌는 우리가 내린 선택과 결정을 정당화하는 기계의 역할을 할 뿐이지, 우리의 선택과 결정에 이의 제기를 하는 객체가 아니다. 우리가 마땅히 해야 할 이유를 선택하면 이후의 미션 수행은 더욱더 쉬워진다. 성공에 관하여서도 마찬가지이다. 우리가 마땅히 성공할 수 있고 성공해야 하는 이유를 가지게 된다면 이후의 행동에 대해 더욱 수월하게 할 수 있는 여건을 뇌가 만들어 준다.

03. 기회, 운에 관해

많은 사람이 기회와 운에 관해 그다지 신뢰하지 않는다. 그들에게 있어서 운은 어떤 특별한 사람에게만 찾아오는 것으로 간주한다. 그러나, 과연 그럴까? 만약, 특별한 사람에게 찾

---

3. 로저 스페리(Roger Sperry, 1913~1994). 그는 미국의 신경심리학자, 신경과학자이다. 인지과학을 개척한 인물로도 알려져 있으며 1981년 노벨 생리학 의학상을 받았다.
4. 카이스트 김대식 교수. [인문학 아고라, Beautiful Life] 강연 중에서.

아오는 것이라면 특별한 사람은 누가 결정하는 것인가? 어떤 부류의 사람이 특별한 것인가? 실상은 모두에게 찾아온다. 특정 부류의 사람에게 찾아온다고 하는 것은 착각이다. 잘못된 인식에서 비롯된 잘못된 생각이다. 기회와 운은 모두에게 동등하게 찾아온다.

성공과 운

어떤 사람은 성공에서 운은 그다지 특별한 관계가 없는 것이라고 말한다. 그런데 과연, 운이 없어도 노력만으로 성공에 이를 수 있을까? 성공하지 못한 사람은 노력의 정도가 부족해서일까? 저자는 아니라고 생각한다. 물론, 기회와 운은 필연이 아닐 수도 있다. 그렇다고 해서 기회와 운이 노력과 상관관계가 없는 것은 아니다. 정확하게는 노력이 커질수록 기회와 운이 더 따라온다는 편이 더 맞는 말이다.

어릴 때, 놀이터에서 500원짜리 동전을 주운 적이 있다. 어린 시절 500원짜리 동전은 적은 돈이 아니었다. 먹을 것을 살 수도 있고, 오락실에 가서 오락을 몇 판이나 더 할 수 있는 돈이다. 그래서 저자는 무얼 했을까? 당연히, 더 많은 동전을 줍기 위해 몇 번이고 놀이터를 돌며 뒤지고 또 뒤져 동전 몇 개를 더 주웠다.

노력과 운의 상관관계는 바로 이런 것이다. 노력이 많아질수록 무언가를 더 얻을 수 있는 운이 생긴다. 기회가 더 찾아온다. 그리고 이러한 운과 기회가 찾아올 때, 인생의 전환점이 될 수 있는 큰 도약이 일어난다. 성장과 변화 그리고 성공을 바란다면 기회를 극대화해야 한다. 무슨 말일까?

영국의 윈스턴 처칠(Winston Churchill)[5]이 한 명언 중에 다음과 같은 말이 있다.

"비관론자는 어떠한 기회 속에서도 위기를 보고, 낙관론자는 어떠한 위기 속에서도 기회를 본다."

기회를 극대화한다고 하는 것은 바로 이런 것이다. 기회는 기회를 받아들일 준비가 되어 있는 자에게 더 좋은 모습으로 찾아온다. 우리가 해야 할 일은 기회를 맞아들일 준비를 하는 것이다. 어떻게 하면 될까? 일단 감정을 잘 다스려야 한다. 감정에 흔들리지 않는 상태가 되면 주어진 상황을 기회의 순간으로 만들어야 한다. 물론 이것은 쉽지 않다.

그러나, 명심하자. 내가 안 하면 누구라도 나의 상태를 바꾸어놓지 못한다. 내 인생의 주체는 '나'이다. 감정은 나를 표현하는 요소일 뿐이지, 나를 표현하는 전부가 아니다. 훈련하면 감정 조절이 가능해진다.

준비하고 도전하는 자에게는 기회가 더 많이 찾아온다. 윈스턴 처칠이 남긴 명언이 시사하는 바는 이것이다. 단순히 낙관론자여서 기회를 찾아내는 것이 아니다. 그 이면에는 도전하고 준비하는 과정을 포함하고 있다. 많은 사람이 착각하는 이유 중의 하나가 바로 긍정이다. 긍정적인 생각과 마음을 가지고 있으면 인생이 잘 풀린다는 생각이 바로 그것이다. 긍정적인 것은 참 좋은 것이다. 필요한 것이다. 그러나 긍정적이라는 단어에 집중한 나머지, 그 이면에

5. 윈스턴 처칠(Sir Winston Leonard Spencer-Churchill, 1874~1965). 윈스턴 처칠은 영국의 총리로서 제2차 세계대전에서 연합군의 승리를 가져왔으며 두 번이나 영국의 총리를 지낸 정치가이다.

담긴 본질을 놓쳐서는 안 된다.

긍정성이 주는 효과와 영향력은 그 이면에 있는 '준비'에서 비롯되는 것이다. 준비된 자에게 해당하는 말이다. 준비 없이 가지는 긍정의 생각은 사과나무 아래에서 사과가 떨어지기를 바라는 사람일 뿐이다.

사과나무에서 사과가 떨어지려면 잘 가꾼 사과나무가 있어야 한다. 그리고 잘 가꾼 사과나무를 갖기 위해서 그만한 노력과 땀 흘린 과정이 깃들어 있어야 한다. 좋은 사과를 얻기 위해 그 이전에 무엇을 했는지를 생각해보자. 무엇이 필요했는가를 생각해보자. 운과 기회는 모두에게 주어지고 누구에게나 찾아오는 것이지만, 이를 극대화하는 것은 바로 준비이다. 그래야 운과 기회가 왔을 때, 이를 열매로 거둘 수 있다.

열심히 공부한 사람과, 열심히 공부하지 않은 사람 중에 좋은 성적이나 좋은 성과를 거둘 확률은 누구에게 더 있을까? 성공을 위해 노력하는 자와 노력하지 않는 자 중에 누구에게 성공이 찾아올 확률이 더 많을까?

> 미래는 강자에게 기회를, 약자에게 위협을, 준비된 자에게 도전을 준다. (중략) 가장 힘든 지금이 있어야만 가장 값지고 기쁜 미래를 껴안을 수 있다. 세상은 '자신에게 호되고 남에게 후한 자'에게 궁극적으로 성공이라는 단어를 선물한다.[6]

---

6. 전옥표. 『이기는 습관』. 쌤앤파커스. 2007. p38.

04. 행동

무의식의 세계

우리가 사는 방식에는 의식과 무의식이 얼마나 자리 잡고 있을까? 우리는 신념대로 살고 있을까? 아니면 보는 대로 살고 있을까? 우리가 사는 모습에는 어떠한 작동 원리가 존재한다. 우리의 행동을 좌지우지하게 하는 요소 중에서 가장 강력한 영향력을 행사하는 것이 나는 습관이라고 본다.

> 지난 수년간의 연구 결과에 의하면 성공한 사람은 이런 불굴의 정신력으로 좋은 습관을 형성하지 않았다. 그들은 무언가를 자제하거나 인내할 상황 자체를 만들지 않았다. 자제력 대신 습관을 활용했다. (중략) 고통스럽게 문제를 해결하지 않았다. 일주일에 4회 이상 달리는 사람 중 93%는 날마다 운동하는 장소와 시간 즉, 상황에만 집중했다. 하지만 수많은 사람이 이렇게 살지 않는다.[7]

우리의 행동에서 의식적 자아에 의한 행동과 비의식적 자아에 의한 행동을 비교하면, 비의식적 자아에 의한 것이 압도적으로 높게 나오는 것을 『해빗』의 저자 웬디 우드는 밝혀냈다. 이것이 시사하는 바는 매우 크다. 우리 일상생활에서 하는 행동들의 43%가 습관에 의한 것이다. 아침에 일어나 씻고, 밥을 먹고, 하루를 시작하여 잠이 드는 순간까지 습관이 차지하는 바가 40%를 넘는다니 놀

---

7. 웬디 우드. 『해빗』. 다산북스. 2019. p16.

랍지 않은가.

대개 우리는 의식적으로 혹은 의지적으로 무언가 하는 조정자(key maker)역할을 한다고 받아들이는데, 실상은 '그렇지 않다'라는 것이다. 의지력에 의해서 의도적으로 행하는 것보다 무의식적으로 반복하는 행위에 초점을 맞출 필요가 있다. 우리가 초점을 맞추어야 하는 것은 비의식적 자아에 의한 행동이며, 비의식적 자아의 행동이 비롯되는 행위가 어떻게 이루어지고 있는지를 깨닫는 것이다.

불안에 빠져 목표를 잃어서는 안 된다는 거예요. 우리는 지금 부자로 향하는 항해를 하고 있어요. 목표지점은 당연히 진짜 부자가 되는 것이죠. 항해하다 보면 때로는 배가 파도에 심하게 흔들릴 수도 있고 뱃멀미를 할 수도 있겠죠. 문제는 이러다가 난파하면 어쩌나 하고 불안에 굴복한다는 데 있어요. 배가 흔들리는 것도 항해 일부라는 걸 잊으시면 안 돼요.[8]

감정의 세계

많은 사람이 『더 해빙』에서 이야기하는 것처럼 불안에 굴복하여 부정적인 감정에 자신을 내어주곤 한다. 이러한 모습을 우리는 주위에서 쉽게 찾아볼 수 있다. 저자도 늘 그런 것은 아니지만, 많은 경우에 감정에 자신을 내어주어 낙심하거나 절망하던 때가 있었다. 감정에 지배당하지 않는 것은 완벽해야 한다는 것을 뜻하지는 않는다. 감정에 지배당하지 않는 것은 자신의 부족함을 인정하되,

8. 이서윤, 홍주연 공저. 『더 해빙』. 수오서재. 2020. p221.

그 부족함에 휘둘리지 않는 삶을 산다는 것이다. 부정적인 감정, 낙심과 좌절, 스트레스와 불안감이 찾아오는 것을 막을 수는 없다.

우리는 모두 파도를 타야 한다. 아니, 정확하게는 파도 타는 법을 배워야 한다. 인생에는 수많은 파도가 있고 이러한 파도는 높이가 늘 일정한 것도 아니다. 어떤 때는 급물살이 몰아칠 때가 있고 잔잔할 때도 있다. 높이 오를 때가 있고, 다시 낮아질 때도 있다. 심하게 요동칠 때가 있는가 하면 언제 그랬냐는 듯이 잔잔함이 찾아올 때도 있다. 파도를 타는 것, 명확하게는 성공의 파도를 타는 것이 우리에겐 필요하다.

불안해하셔도 괜찮아요. 자신의 감정을 두려워할 필요는 없어요. 불안과 감정은 암같이 도려내야 할 종양이 아니에요. 그건 선사 시대부터 위험을 감지하기 위해서 인류가 본능적으로 키워온 방어체계일 뿐이에요. 마음이 실컷 불안하고 조바심을 내도록 두고 영혼이 이끄는 대로 편안함을 따라 행동하세요. 그럼 자연스럽게 행운을 끌어올 수 있어요.[9]

항해하는 인생은 언제나 불안 때문에 초조할 수 있다. 그러나 불안에 굴복하지 말아야 한다. 목표를 잃지 말아야 한다. 이 말은 항상 긍정적이어야 한다는 것이 아니다. 부정적인 감정에 지배당하지 말아야 한다. 나를 지배하는 감정이 긍정적인 감정이어야 한다.

많은 사람이 감정의 영역을 쉽게 생각하는 경향이 있다. 감정은

---

9. 이서윤, 홍주연 공저. 『더 해빙』. 수오서재. 2020. p203.

다른 요소에 비하면 그다지 중요하지 않다고 단정 짓는 경우가 다반사이다. 그런데, 아이러니하게도 많은 사람이 자신의 감정에 의해 쉽게 무너진다. 수많은 사람이 감정이 주는 영향력을 간과한 나머지 자신도 모르는 사이 인생을 감정에 빼앗겨 버린다. 우리는 이제 알아야 한다, 감정을 다스리는 것이 생각과 마음을 다스리는 것만큼 중요하다는 것을.

의지력과 행동의 관계

많은 사람이 의지력에 많은 가치를 부여하며 산다. 이들은 의지력이 성공으로 가는 중요한 척도라고 생각한다. 의지력이 부족하면 그것이 곧 실패의 원인이라고 받아들인다. 우리는 그렇게 속아왔다. 의지력이 부족해서 실패했다 단정하고, 자신에 대해 실망하고 좌절했다. 저자도 의지력의 부족함이 성공을 이루지 못한 가장 큰 원인이라고 생각해 왔다. 그런데, 맞는 말일까? 의지가 강하면 성공하고, 의지가 약하면 실패하는 것이 사실일까? 의지력의 유무가, 강함과 약함이 성공에 있어서 근본적인 원인일까?

의지력의 본질을 놓쳐버린 채, 의지력을 단지 강하다, 약하다 차원으로 접근하면 의지력이 강한 자는 성공하고, 의지력이 약한 사람은 성공에 이르지 못한다고 생각한다. 의지력이란 무엇일까?

> 의지(意志)란, 무언가를 하려는 마음의 작용. 영어로는 'Will' 혹은 'Volition'으로 번역하며, 백과사전에 의하면 '(특정한) 의도에 따라 자기 결정 및 목적을 추구하는 행동을 일으키는 작용'이라 한다. 정신력

이란 말도 비슷한 의미로 쓰인다.[10]

정의에 따르면 의지는 무언가를 하려는 마음의 작용이고 의지력은 시작점인 셈이다. 의지력이 있어야 시작할 수 있고, 의지력이 없으면 시작할 수 없다. 의지력이 강해야만 무언가를 성취할 수 있다는 원리가 아니다. 의지력의 강함과 약함의 차이는 출발선에서 누가 더 강하게 치고 갈 수 있는가에 대한 것이다. 의지력이 있는 사람은 잠자리에서 일어날 때도 머뭇거리지 않고 즉시 일어나서 해야 할 일을 시작한다. 의지력이란 바로 이런 것이다. 의지력은 성공으로 가는 여정에서 필요한 요소임에는 분명하다. 그러나, 의지력이 성공의 근본 원인은 아니다.

우리는 무언가를 하지 않아도 항상 어떤 것을 하는 상태의 존재이다. 아인슈타인의 상대성 이론에 따르면 질량을 가진 존재는 에너지를 발산한다. 질량이 곧 에너지이며 에너지가 곧 질량이기도 하다. 이에 따르면 인간은 존재하는 자체로 어딘가에 에너지를 발산하고 있는 존재이다. 아무것도 하지 않는다고 생각하는 순간에도 우리는 어딘가에 에너지를 쏟고 있다. 인간이라는 존재는 그렇게 만들어졌다. 이것을 안다면 우리가 지금, 이 순간 해야 하는 중요한 일은 발산하고 있는 에너지의 방향을 제대로 가게 하는 것이다.

즉, 성공을 향한 행동이, 태도가 흘러나오도록 해야 한다. 때로는 파도에 몸을 맡기는 것도, 파도의 방향을 조절하는 것도 필요하다. 행동 여부에 집중하지 말고 필요한 것에 원하는 방향으로 에너

10. 의지; 나무 위키 참조

지를 집중하도록 해야 한다. 명심하자. 행동 자체가 본질이 아니다. 행동을 겉으로 드러내는 마음가짐이 중요하고, 그 사실을 제대로 작동하도록 하는 것이 중요하다.

05. 지식

사람이라면 남녀노소를 막론하고 많은 것을 알기를 원한다. 그리고 자신이 아는 것이 옳은 것이라고 여겨지기를 원한다. 공부를 많이 한 사람이건, 그렇지 않은 사람이건 이런 모습은 누구에게나 나타나는 현상이다. 지식은 분명 세상을 이롭게 하는 방향으로 흘러왔다. 지식의 양이 많아지고, 오늘날처럼 방대할수록 사회는 급격한 변화를 보인다. 급격한 발전도 나타난다. 그래서 지식을 쌓는 것은 그만큼 중요한 과제이다.

인류의 역사 이래, 오늘날처럼 많은 사람이 성공을 바라고 부자로 살기를 바라는 세상이 또 있었을까? 돈을 절대적인 가치로 여기는 현상은 지금 시대가 가장 왕성한 듯하다. 돈은 분명 필요하고, 올바르게 쓰인다면 가치 있는 요소임에는 분명하다. 그러나 성공의 기준을 돈에 맞추어서는 안 된다. 성공의 방향을 돈을 많이 모으는 것이 아니라, 더욱더 높은 가치에 두어야 세상을 이롭게 한다.

지식과 성공

「공부하는 인간」이라는 EBS 다큐멘터리가 있다. 인간이라는 존재를 공부에 맞추어서 파헤친 다큐멘터리인데, 인간의 오래된 욕망이자, 현대에 사는 인간의 욕망 중 하나가 공부라는 데 초점을 맞추고 있다. 비단 그것뿐만이 아니다. 공부는 욕망이기도 하지만 삶의 수단이기도 하고 미래를 향한 가치이기도 하다. 역사적으로 추앙받는 인물을 살펴보면 지식에 매진하여 삶의 가치를 발견하고, 지혜를 발견한 인물이 많다.

지식은 그렇게 인류의 역사와 함께했다. 우리가 인생에서 무언가를 이루고, 성공하기를 바란다면 지식을 쌓을 필요가 있다. 성공하는 법을 찾는 사람은 많아도, 그 방법이 공부라는 것을 고백하는 사람은 드물다. 성공하기 위해서 무언가를 배워야 한다고 말하면 이내 사람들은 뒷걸음부터 치고 싶어 한다.

지식을 얻는다는 것

지식을 쌓는다는 것과 지식을 얻는다는 것은 무엇을 의미할까? 많이 안다는 것이 삶에서 중요하고, 그것이 인생을 바꿀 만큼 힘이 있는 것이라면 우리는 마땅히 공부하지 않을 이유가 없다. 그러나 배우기는 절대 쉽지 않은 미션이다. 우리는 이것을 학창 시절에 이미 경험했다. 그럼에도 우리는 공부해야 한다. 배워야 한다. 이는 수학과 영어와 같은 학과 공부만을 일컫는 말이 아니다. 성공을 바라면서 공부하기를 마다한다면 이 또한 어불성설이다. 인생은 사는 대로 사는 것이 아니라, 살아내는 것이기 때문이다. 성공한 사람은 이것을 알았다.

성공한 삶을 산다는 것은 궁극적으로 성공의 삶을 살아내는 것이다. 그리고 살아낸다는 것은 열매 맺는 삶을 말한다. 우리는 그냥 살아지는 대로 살 것이 아니라 삶을 살아내야 한다. 그러기 위하여 성공을 위한 삶의 목표를 이루기 위해 공부해야 하고, 이를 통해 우리는 살아지는 삶에서 살아내는 삶으로 방향키를 돌려야 한다.

성공한 사람이 말하는 지식의 본질

지식의 본질은 무엇일까? 공부의 본질은 무엇일까? 『공부하는 인간』이라는 책에서 유대인을 소개하는 부분이다.

> 유대인이 노벨상을 수상한 경우가 의학과 물리학 부문에서 약 20%, 화학 부문에서 10%, 문학 부문에서 10%, 경제학 부문에서는 무려 60%를 웃돌았다. 세계 인구는 약 60억 명이다. 그중 유대인의 수는 1,700만 명이다. 이런 소수민족이 노벨상 수상자를 단 한 명도 배출하지 못했다 해도 그리 이상할 것이 없건만, 23%의 수상자를 배출했다는 것은 기적이나 다름없다. 다양한 분야에서 독보적인 위치를 차지하고 막강한 영향력을 행사하며 세계를 움직이는 유대인들. 그렇다면 이들은 어떻게 이처럼 어마어마한 힘을 갖게 되었을까? 무엇이 이들이 세상을 움직이고, 인류의 역사를 새롭게 쓰는 존재로 만들었을까? 유대인들은 자신들이 이룬 기적적인 성취의 원인을 뛰어난 유전자로 생각하지 않는다. 그들은 교육을 중시하는 문화적 특성과 그에 따른

높은 교육열을 성공의 원인으로 본다.[11]

유대인의 교육에 대한 열의는 실로 대단하다. 어릴 적부터 토라(Torah)와 탈무드(Talmud)를 중심으로 공부하는 유대인은 그들만의 독특한 교육방식을 통해 지식뿐만 아니라 지혜를 얻는다. 이러한 지혜를 성장시키는 데 열띤 토론문화도 한몫하고 있다.

삶의 목표와 성공을 이루기 위해 이제 우리가 해야 할 일은 지식을 넘어 지혜를 얻는 수준까지 가는 것이다. 더 나은 삶을 위해서 지식적인 쌓음도 필요하지만, 그보다는 지혜를 얻어야 한다. 인생을 살아감에 있어서 지혜는 삶의 순간순간을 어떻게 헤쳐나가야 할지를 알려준다.

성공한 사람의 강연에는 그들의 노하우와 지식이 담겨 있는 것 같지만, 본질에서 접근해 보면 그들은 지식보다 지혜를 전달한다는 것을 알 수 있다. 그들은 성공의 삶을 위해 어떤 모습을 가꾸어 나가야 할지, 어떤 생각을 키워나가야 할지에 관한 지혜를 전달하고 있다. 지식보다 지혜이다. 삶을 어떻게 살아가야 하고, 자신을 어떻게 가꾸어 나가야 하는지, 세상을 이롭게 하기 위한 지혜를 얻는 것, 그것이 곧 지식의 본질이다. 성공으로 이끄는 원천이 되는 셈이다.

어느 치과의사가 있었다. 개업의로 20년 이상 일하던 그는 불혹을 훨씬 넘긴 나이에 세계 최고 기술을 배우기 위해 미국으로 떠났다. (중략) 고수의 칼 솜씨는 대단했다. 물 흐르듯이 부드럽게, 아름답다는

11. 정현모. 『공부하는 인간』. 예담. 2013. p164-171.

것이 무엇인지 확실하게 보여주는 멋진 수술이었다.

'저 영감도 하는데 나라고 못 하랴. 별것 있겠어? 열심히 하면 되겠지!'

그러나 비슷하게는 되는데 가장 쉬워 보이는 '일자로 바로 그어진 부분'이 아무리 해도 잘 되지가 않았다. (중략) 억울하지만, 꼬리를 내릴 수밖에 없었던 그는 결국 직접 물어보기로 했다.

"나는 왜 당신처럼 안 되는가?"

대가가 대답했다.

"톱날처럼 된 것을 물결 모양으로 만드는 방법은 책에 다 있다. 누구나 책을 보고 연습하면 된다. 한데 물결 모양을 일자로 만드는 방법은 당신 마음에 있다. 한 가지 일을 오래 한 사람에게는 향기가 있다. 그런데 그 향기는 자신도 향기를 가진 사람만이 맡을 수 있다."[12]

지식만으로 되지 않는 것이 있다. 표면으로 따라 할 수 있는데 절대 따라 하지 못하는 영역이 존재한다. 대개는 많은 사람이 지식적인 면만 보고서 성공할 수 있으리라 생각한다. 그러나, 지혜가 부족한 지식은 한계성만 안겨준다. 지식은 무엇이 문제인지에 대한 것을 밝혀주는 도구이자 근거는 되지만, 지혜가 없이는 그 이상으로 나아갈 수 없다. 지식의 기초 위에 지혜가 덧씌워져야 성장하고 성숙할 수 있다. 곧 성공한 삶으로 나아갈 수 있다.

우리는 지식과 더불어 지혜를 얻어야 한다.

---

12. 이지훈. 『혼창통』. 쌤앤파커스. 2010. p108-109.

06. 나란 무엇인가- Key maker

'변화는 나로부터 시작된다.'라는 말이 있다. 나로부터 시작된다는 말의 핵심은 무엇일까? 내가 바뀌어야 한다는 것이고, 내가 바뀌면 가정이 변하고, 사회가 변하고, 세상이 바뀐다는 말이다. 그런데 내가 바뀐다는 것이 진정 무엇을 뜻하는 것일까? 어떻게 해야 내가 바뀌는 것일까? 무엇을 바꾸어야 하는 것일까?

나를 보는 시각에 변화를 주자

대개는 변화를 말하면서 강점은 키우고 약점은 버리거나 보완하라 한다. 재능을 따라 선택하라 하고 비전을 가지라 한다. 다 좋은 말이다. 누구인들 강점을 키우고 싶지 않겠는가, 약점을 보완하지 않을 사람이 어디 있겠는가.

재능을 살려서 더 큰 꿈과 비전을 향해 나아가고 싶지 않은 사람이 어디 있겠는가? 저자도 어렸을 때부터 많이 들어온 말이다. 그런데, 이것이 정작 저자의 삶을 혁명적으로 바꾸어 놓지는 못했다. 왜, 그랬을까? 이 말이 잘못되어서일까? 아니다. 재능과 강점을 키워야 한다는 말은 맞다. 약점을 버리거나 보완하는 것도 맞다. 그런데 대부분의 사람이 느끼기에 '나는 여전히 무언가 부족한 상태'이다.

이런 말이 있다. '장인은 도구를 탓하지 않는다. 전문가는 실력으로 말한다. 요리사는 재료를 핑계 대지 않는다.' 어떻게 생각하면 실력자가 되라는 말처럼 들린다. 전문가가 아니라면, 전문가가 되기 위해 고군분투해야 한다는 말처럼 들리기도 한다. 그런데, 이 말은 어떤 사람에게는 가혹하게 들리기도 한다. 우리는 전문가가 되어야 할까?

아니어도 좋다. 강점이 아니어도 좋다. 재능이 탁월하지 않아도 좋다. 지금 내가 가진 것에 집중해보자. 무언가 많이 부족해 보여도, 마음에 여유를 가지고 자신을 들여다보면 내가 가진 것이 많음을 발견할 수 있다. 어떤 특별한 것을 찾으려고 하지 말자. 현재 나의 모습을 들여다보면서 내가 지닌 나의 모습을 인정하자. 그리고 감사하자. 그런 뒤에 시작하면 된다.

누가 알겠는가. 얼마의 시간이 흐른 뒤에 지금 내가 생각하는 미래의 모습이 이루어져 있을지. 그러기 위하여 조급함을 버리고, 불안함과 염려를 인정하고, 현재의 나의 모습을 진지하게 들여다보는 것이 필요하다. 그리고 현재의 나에게 있는 것을 살펴보자. 현재의 내가 가지고 있는 것으로도 모든 것을 시작할 수 있다. 시작부터 거창한 것은 없다.

생각이 바뀌면 파동을 만들어 낸다. 이 파동이 극대화할 수 있는 것을 시작하라. 내면에서부터 시작하여 긍정의 파동을 만들어 내면 그것이 점차 큰 파동이 일어 나의 모습을 만든다. 나의 모습을 변화시켜 준다. 나비효과는 작은 변화가 만들어 내는 큰 변화를 말하는 것이다. 많은 전문가가 이에 동의한다. 작은 것이 쌓이면 이로부터 큰 변화가 찾아온다.

작용과 반작용

벽을 힘껏 밀어본 적이 있는가? 있는 힘껏 벽을 밀면 어떤 일이 발생할까? 힘을 주면 우리가 힘을 준 만큼의 반대 힘이 나에게 돌아온다. 과학에서는 이를 작용-반작용의 법칙이라고 한다.

성공을 향한 여정에서 조심해야 할 것이 있다. 우리는 흔히 꿈이 크고 비전이 클수록 그것이 우리를 바라는 목표지점으로 더 강하게 이끌 것으로 생각한다. 그러나 냉정하게 들여다보자. 꿈이 커갈수록, 비전이 커갈수록, 현실과의 차이 혹은 괴리가 우리를 더욱 비참하게 만든 때는 없었는지 말이다.

우리가 바라는 성공의 모습이 부담감으로 와서는 안 된다. 불안과 초조함은 긍정의 파동을 만들지 못한다. 꿈과 비전, 목표를 가지고 있는 것이 잘 못 되었다는 말이 아니다. 무언가를 소망하면 그 소망함이 우리 인생의 방향을 그리로 가져가는 것은 맞다. 그런데, 소망이 너무 크면, 역으로 작용하는 일이 발생하곤 한다.

현대 사회에서 부담감은 염려와 걱정으로, 불안과 초조함으로 그리고 낙심으로 이어진다. 이것이 많으면 어떻게 되겠는가? 소망과 꿈, 비전과 목표를 갖는 것도 중요하지만, 내가 나에게 너무 큰 짐을 지우고 어느 순간 도태되는 자신을 보게 될 수도 있다. 포기하고 싶은 마음이 파도같이 몰려올 수 있다.

"문제는 사람들이 결핍의 느낌이 강할수록 더 간절히 원한다는 거예요. 결국, 악순환하는 거죠."[13]

---

13 .이서윤, 홍주연 공저. 『더 해빙』. 수오서재. 2020년. p215.

『더 해빙』에서는 간절한 목표가 가져올 수 있는 위험성에 대해 언급한다. 대개는 간절한 목표와 바람이 꿈을 향해 나아가게 한다고 생각하지만, 간절할수록 결핍이 더 많이 보이고, 결핍으로 인해 오히려 낙심하거나 좌절하는 경우가 발생한다.

성공한 사람은 결핍에 집중하지 않는다. 간절함에 몸을 온전히 맡기지도 않는다. 오히려 자연스러움을 만들고 자연스러움에 반응한다. 지금 있는 것에 집중하고 긍정의 파동을 만들어 내는 것에 에너지를 쏟는다.

우리는 자연에서 배워야 한다. 자연은 순응하는 법, 기다리는 법, 인내하는 법을 알고 있다. 조급하지도 않으며 적당한 때에 반응하고 적당한 때가 되어야 열매를 맺는다. 예기치 않은 상황으로 인해 재해가 찾아와도 다시 일어나서 언제 그랬냐는 듯 다시 본 모습으로 돌아가는 것. 그것이 바로 자연이다.

순응하며 기다리고 인내하는 법을 배워야 한다. 꾸준하게 그 자리를 버틸 수 있는 사람이 될 때, 잠재력은 비로소 빛을 발하기 시작한다. 우리 모두에게는 잠재력이 있다. 능력자가 아니어도 좋다. 천재가 아니어도 좋다. 누구에게나 잠재력이 있고 이 잠재력을 끌어올릴 수만 있으면 된다. 잠재력은 모두에게 잠재되어 있다. 그러나, 잠재력을 끌어올리는 것은 순전히 자신의 몫이다. 이미 가지고 있는 잠재력을 사용할 수 있는 사람이 앞을 향해 나아간다.

불안함을 떨쳐버리며 염려와 걱정은 내려놓고 자신에 대한 신뢰를 쌓아보자. 세상에는 어떤 것이든 양면의 모습이 있다. 연합이 있는 곳에 분열이 있고, 화평이 있는 곳에 갈등도 있다. 웃음이 있는 곳에 눈물이 있고, 희망이 있는 곳에 낙심도 있다. 선택은 나에게 달려있다. 미래를 향해 나아가는 내가 될 것인지, 현재 상황에 안주하는 내가 될 것인지 결정은 오로지 나의 몫이다.

07. 성숙에 관해

성공한 사람에게서는 흔히 성공다움이 느껴진다. 성공다움이 무엇일까? 성공다움이란, 그들이 발산하는 일종의 기운이나 에너지이다. 그것은 성숙과 깊은 연관이 있다. 무슨 말일까? 성숙에 대한 의미에 접근해 보자.

- 성숙이란 현실의 자아와 성숙한 자아 사이에 차이가 있음을 깨닫는 데서 시작하여 인정하는 데에 이르는 과정이다.
- 성숙은 어떤 상황(환경)에서도 달라지지 않는 것이다.
- 좋을 때는 누구나 할 수 있지만, 안 좋을 때는 어떤 사람만 할 수 있다. 성숙은 안 좋을 때도 달려가는 것이다.
- 신앙에서도 마찬가지이다. 환경에 따라 좌지우지되지 않는 사람이 진정한 신앙의 사람이다.
- 작게 혹은 크게나 초점(focus)이 아니다. 진짜 성숙은 위치와 역할(positioning)을 알아야 한다.

- 성숙에 대한 정확한 개념을 아는 것이 중요하다. 아이여도 성숙한 아이가 있을 수 있고 어른이어도 미성숙한 어른이 있을 수 있다.
- 메타인지(meta cognition)[14] 능력의 차이- 성숙한 사람은 자신에 대한 인식을 정확히 한다. 반면에 미성숙한 사람은 자신에 대한 인식이 정확하지 못하다.

성숙한 사람은 변화의 본질을 아는 사람이다. 성숙한 사람은 성숙을 바라본다. 미성숙에 연연하지 않는다. 앞에서 언급했지만, 성숙한 사람일수록 결핍에 집중하지 않는다. 이들은 현재 가진 것에 집중하고, 미래 채울 것에 집중한다. 부족함을 인정하지 않는다는 말이 아니다. 부족함을 인정하되, 부족함에 얽매이지 않고 채움을 향해 나아간다.

과거를 돌아보지 말라는 것이 아니다. 성숙한 사람일수록 과거의 모습에서 현재를 성찰하며 현재의 모습에서 미래를 완성해 나간다. 더 나은 삶을 위해 이전의 삶에서 버려야 할 것은 버리고 채워야 할 것에 집중한다. 과거를 잊으라는 말도 아니다. 채워야 할 본질에 힘을 쏟으라는 말이다.

일전에 YTN 사이언스 방송에서 본 내용이다. 위조지폐 감별에서는 대적할 사람이 없을 정도로 출중한 실력을 가진 감별사가 출연했다. 위조지폐인지 아닌지를 구분하는 테스트를 했는데, 매우 어려운 단계의 테스트까지도 완벽하게 통과하는 것을 보면서 제작

14 메타인지(meta cognition): '인식에 대한 인식','생각에 관한 생각','다른 사람의 의식에 대해 의식', 그리고 고차원의 생각하는 기술(higher-order thinking skills)이다.

진이 질문을 던졌다.

"위조지폐를 틀리지 않고 찾아낼 수 있는 비법이 있나요?"

감별사가 대답했다.

"저는 매일, 시간이 날 때마다 진짜 지폐를 계속 들여다봅니다. 진짜를 계속 보다 보면 어느 때에 보아도 어떤 것이 가짜인지 눈에 들어옵니다."

흔히 사람들은 어떤 것에 대한 경험의 중요성을 따질 때, 이것도 경험하고 저것도 경험하는 것이 좋다고 말한다. 저자도 경험의 중요성을 강조한다. 경험이 많을수록 많은 것을 알고 깨닫는 바가 많기 때문이다. 그런데 우리가 놓치지 않아야 할 중요한 사실이 하나 있다. 경험도 가려서 해야 한다는 것이다. 어떠한 경험이든 구애받지 않고 하는 것이 좋다고 생각한다면 오산이다. 경험에는 더 나은 삶을 향해 플러스가 되는 경험이 있지만, 마이너스가 되는 경험도 있기 때문이다.

성숙한 사람은 본질에 에너지를 쏟는다. 비본질적인 것은 헛되이 버려지는 에너지와 같고, 마이너스 방향으로 삶을 이끌기 때문에 성숙한 사람일수록 본질을 추구하며 산다. 본질에 가까이 갈수록 삶의 풍성함을 경험한다. 반면에 비본질적으로 추구한다면 어떻게 될까? 본질에서 떠난 것에 집중할수록 삶이 메마르게 되리라는 것은 자명하다.

더 나은 삶을 꿈꾸는 사람이 많다. 성공을 바라는 사람도 많다. 더 나은 삶을 바라고 성공하기를 바란다면 성숙이란 과정을 동반해야 한다. 성숙이 깊어질수록 성공의 연결고리에 가까워진다. 성숙이란 과정 없이 성공은 찾아오지 않는다. 성공한 사람일수록 숙성된 재료같이 향기가 나는 것이 성공의 본질이다. 대부분 성공한 사람은 자신을 돌아보고 주위를 함께 바라볼 수 있는 자이다. 일반적으로 성숙은 다음의 단계를 거친다.

- 머리로 아는 단계.
- 좋을 때 성숙하는 단계.
- 안 좋을 때도 성숙하는 단계.

미성숙은 '분열'을 이루고 성숙은 '하나 됨'을 이룬다. 우리가 성숙해야 하는 이유는 미성숙함이 안겨주는 결과물 때문이다. 성숙함은 조화를 가져오며 하나 됨을 이루어 열매를 만들지만, 미성숙함은 한계에 부딪혀 문제를 양산한다. 자신 안에 갇혀 문제를 인식하지 못하고 왜곡된 시각으로 세상을 바라본다. 우리가 성숙해야 할 이유는 미성숙에서 벗어나야 진정한 성공으로 갈 수 있다. 그래야 세상이 필요로 하는 존재가 될 수 있다.

또한, 성숙한 사람은 자신의 포지셔닝(위치, 역할)을 안다. 미성숙한 사람일수록 자신에게 집중하지만, 성숙한 사람일수록 타인에게 집중하고 사회를 바라본다. 미성숙한 사람은 자신의 성취에 열광하지만, 성숙한 사람은 자신과 더불어 타인과 세상에 이로움을 주는 것에 초점을 맞춘다.

성숙의 단계

성숙의 단계가 올라가면 깨닫는 것도 많아진다. 삶의 순간순간 깨달음이 찾아온다. 이전에는 이해하지 못했던 것을 이해하고 머리에서만 맴돌던 것이 가슴으로 느껴진다. 그릇이 커지는 것이다. 가령, 부부간의 관계에서도 마찬가지이다. 남편이든, 아내이든 어느 한 사람이 성숙한 사람이면 부부간에 발생하는 많은 갈등이 사라진다. 갈등이 사라지면 이내 화합이 일어나고, 평화롭고 행복한 가정이 꾸려진다.

아내를 이해하는 남편이 되고, 남편을 이해하는 아내가 되는 단계까지 가는 것이 성숙이다. 이해한다는 것은, 나의 기준에서 바라보던 것이 아니라 상대방의 기준에서 바라본다는 의미이다. 성숙과 성공이 연결고리가 있는 것은 바로 이러한 연유에서이다. 나의 기준에서 이해하지 못했던 내용이 성공한 사람의 기준으로 다가서는 순간, 그들의 이야기가 진정으로 무엇을 말하는지 알기 때문이다.

성공을 바란다면 성장과 더불어 성숙해야 한다. 성장이 외적인 것의 열매를 가져온다면, 성숙은 내적인 것의 열매를 가져오므로 성장과 성숙은 함께 채워야 한다. 미성숙에서 성숙의 단계로 올라갈수록 수용성이 커진다. 그릇이 커지기 때문이다. 미성숙한 단계에서는 그릇이 작아서 자신이 원하는 것만 취한다. 그러나 성숙한 사람으로 그릇이 커지면, 자신에게 필요한 것이 무엇인지를 안다. 이를 구분할 수 있겠는가? 바라는 것을 취하는 것과 필요한 것을 취하는 것은 전혀 다른 이야기이다.

성숙한 사람은 자신에게 필요한 것이 무엇인지, 필요치 않은 것이 무엇인지를 분별한다. 그릇이 커진 성숙한 사람은 풍성한 것을 나누어 주는 사람이다. 자신이 가진 것을 세상으로 흘려주는 사람이다. 사람들이 인정하고 따르는 사람이 되기를 원한다면 자신의 성취에만 심취할 것이 아니라, 성숙한 자가 되어 사람들이 필요로 하는 사람이 되어야 한다.

08. 탁월함이란?

대개 탁월함이란? 무언가를 잘 해내는 것으로 여긴다. 그러나 탁월함이란, 어떤 사람이 자신의 운명(destiny)을 향해 달려가는 힘이다. 성공한 사람의 탁월함은 자신을 변화시키는 힘이자, 주위를 변화시키는 힘이다.

성공의 진짜 의미는 내가 잘사는 것으로 끝나지 않는다. 성공은 내가 성장함으로 인해 주위가 행복해지는 것을 추구한다. 돈을 많이 버는 것이 목표인 사람은 그것을 달성하고 나면 자신은 성공했다고 느낄 수 있을지 모르지만, 내면은 채워지지 않은 결핍으로 인해 삶의 균형이 무너진 삶을 산다.

- 탁월한 사람은 프레임(Frame)을 만든다.
- 탁월한 사람은 콘텐츠(Comments)를 만든다.

- 탁월한 사람은 목표에서 벗어나지 않는다.
- 탁월한 사람은 양질의 전환 법칙을 따른다.

물이 끓기 시작하는 지점은 100C° 이다. 상온에 있는 물이 100C°의 끓는 물이 되는 것은 지속해서 온도가 올라갔기 때문이다. 이것이 바로 양질의 전환 법칙이다. 필요한 양이 채워지면 필연적으로 질적인 변화가 따른다.

중국에 모소(Moso) 대나무가 있다. 이 대나무는 4년 동안은 외적인 변화가 나타나지 않는다. 그러다가 5년째가 되는 해에 갑자기 자라기 시작하여 엄청나게 큰 대나무로 자란다. 그렇다면, 외적인 변화가 없었던 4년 동안 대나무에 아무런 변화가 없었을까? 전혀 그렇지 않다. 4년 동안의 채워짐이 있었기에 5년째에 질적인 변화가 따르는 것이다.

탁월한 사람들과 열정

열정은 무엇일까? 열정은 단지 열심히 하는 것을 의미하지 않는다. 열정은 지지치 않는 힘이다. 역사적으로 탁월했던 사람들은 시대를 이끌었다. 흔히, 사람들은 성공을 바라고 많은 부를 축적하기를 바란다. 많은 부를 축적하는 것이 성공의 정의라고 표현하기도 한다. 그런데, 성공의 의미가 많은 부를 축적하는 것에 그친다면 우리는 성공의 본질을 다시 생각해야 한다.

세상이 필요로 하는 사람은 성공한 사람이 아니다. 탁월한 사람이다. 많은 부를 축적했지만, 세상에는 어떠한 향기도 흘려주지 못한 사람들이 인생의 말로에 가서 고백하는 내용을 본 적이 있다. 무엇을 가장 후회하느냐는 물음에 그들은 인생을 헛되이 보낸 시간이라 했다. 사람들에게 행복을 주지 못한 것이 가장 후회한다고 말한 것이다.

이 이야기가 지금은 가슴에 다가오지 않을 수 있다. 그러나 한번 생각해보자. 죽음이 얼마 남지 않은 시점이라고 가정해보자. 무엇이 의미로 남아 있겠는가? 죽음을 앞둔 순간에 무엇을 가장 후회한다고 말하겠는가? 그때에도 여전히 돈이 중요하다고 말할 것인가?

09. 변화의 시작점, 나

습관에 관한 오해

습관에 관해 사람들은 자기관리를 잘하는 사람의 전유물이라고 생각한다. 자기관리를 잘하고 시간 관리를 잘하는 사람이 좋은 습관을 들여서 성공했다고 생각한다. 그런데, 이러한 말은 정말 맞는 말일까? 습관의 본질은 무엇일까? 습관 하면 떠오르는 아래 속담을 살펴보자.

"세 살 버릇, 여든까지 간다."

어릴 때의 잘못된 버릇이 커서도 바뀌지 않는다는 표현을 쓸 때, 이 속담을 거론한다. 저자도 어렸을 때, 이 속담이 굉장히 중요한 메시지를 던져준다고 생각했다. 주변의 많은 사람이 이 부분에 동의하곤 했다. 그런데 이 속담은 인생에서 절대적이라 할 수 있는 진리일까? 특정 시기를 어떻게 보내는가에 따라 인생이 정해지는 것이라면 인생은 참 덧없지 않겠는가? 참 허무하지 않겠는가? 우리는 이쯤에서 변화의 본질이 무엇인지 다시 들여다봐야 한다.

변화의 본질은 '변할 수 있다'라는 명제로 시작한다. 변할 수 있기에 가능성을 믿는 것이고 믿음에 따라 행동하는 것이다. 변화의 가능성이 없다면 인간은 실로 무의미한 존재이다. 우리가 변화를 추구할 때, 다음의 몇 가지를 이해하지 못하면 우리는 끝내 변화하지 못한 인생을 살다가 삶을 마무리하게 될 것이다.

- 변화는 쉽게 찾아오지 않는다.
- 변화는 고통스러운 과정을 겪는다.
- 변화는 이전의 잘못된 것을 인정하는 것이다.
- 변화는 빠른 방향으로 가는 것이다.

변화와 습관

이 책에서 핵심적으로 다뤄지는 소재는 '변화'이다. 변화의 원리를 철저하게 파헤쳐서 변화하는 삶으로 이끄는 것이 이 책의 목적이다. 변화가 일어나야 목표를 이룰 수 있고 성공을 이룰 수 있다. 변화하는 삶에서 필요한 동력이 있다면 저자는 습관을 우선순위에 둔다.

습관은 우리가 살아가는 행동 양식을 보여준다. 파레토 법칙

(Pareto principle)[15]이라는 것이 있다. 이 법칙에 따르면 우리 삶에 차지하는 20%의 행동이 나머지 80%를 결정한다고 한다. 그러므로 우리는 결코 습관을 무시할 수 없다. 좋은 습관을 길러야 하고, 노력해야 하고, 습관이 형성될 때까지 고군분투하는 시간을 보내야 한다. 그렇지 않으면 우리가 바라는 삶의 모습으로 나아갈 수 없다.

변화에는 반드시 시작점이 있고 종착점이 있다. 종착점은 내가 변화고자 하는 모습이다. 그렇다면 변화의 시작점은 무엇일까? 어떻게 시작하고 어디에서부터 출발하는 것일까? 그것은 바로 '나 자신'이다. 변화는 나로부터 시작하는 것이다. 그리고 이 말에는 많은 것이 내포되어 있다. 단순히 '내가 변화되는 것'이 아니라, 나를 제대로 인식하는 과정에서 나의 본질을 찾고, 깨닫는 일련의 과정들을 포함하고 있다. 이것이 바로 나로부터의 변화라는 것이다. 단순히 '시작점=나 자신'이 아니다.

삶에서 습관이 만들어지면 그것은 자동으로 플레이된다. 일일이 수동으로 무언가를 하지 않아도 자동으로 지속하게 하는 것. 그것이 바로 습관이 가져다주는 힘이다.

어떤 이는 꾸준함이 중요하다 한다. 노력과 몰입이 중요하고, 포기하지 않는 마음가짐이 중요하다 한다. 그런데 자세히 들여다보면 꾸준함과 노력, 몰입과 포기하지 않는 마음가짐은 습관하고 연관되어 있다. 꾸준히 노력하여 몰입하고 습관이 만들어질 때까지 포기하지 않아야 습관이 형성된다.

---

15. 파레토 법칙(Pareto principle): 80대 20 법칙(8020 rule)은 전체 결과의 80%가 전체 원인의 20%에서 일어나는 현상을 가리킨다.

10. 나비효과를 일으키는 생각

스노우폭스(Snow fox)라는 글로벌 도시락 기업을 일군 김승호 회장의 이야기다.

"사회적으로 성공한 사람들에게는 공통점이 있습니다. 그것은 정확한 목표와 그것을 이룰 수 있다는 신념을 가졌다는 겁니다. 어떤 특별한 이야기가 아니죠. 꿈을 이루고 목표를 이루는 방법은 생각보다 아주 간단합니다. 고등학교 시절의 꿈을 생각해보세요. 고등학생들에게 자신의 꿈과 목표를 명확하게 가졌는지를 물어보면 10% 이내의 비율로 손을 듭니다."

꿈을 이루려는 방법으로 김승호 회장은 몇 가지를 강조한다.

첫째, 명확한 꿈과 목표를 가질 것.

둘째, 꿈과 목표를 종이에 쓸 것.

셋째, 종이에 쓴 꿈과 목표를 지속해서 들여다보고 되뇔 것.

넷째, 그것을 사람들에게 알릴 것.

위의 네 가지와 함께 김승호 회장은 '생각'이 가진 힘을 강조한다.

생각을 계속하면 그것이 곧 물리적인 실체가 된다는 것이다. 그럴 법도 하다. 생각을 계속하면 그것이 곧 어떠한 변화를 가져오게 한다. 무엇인가를 해야겠다는 결심을 하면 이내 곧, 어떤 행동을 취한다. 이렇게 반복적이고 지속적인 변화가 이어지면 바라던 꿈과 목표가 눈 앞에 펼쳐진다. 생각이 가진 힘이라는 것은 바로 이런 것이다. 단순히 '나는 대통령이 될 것이다. 대기업에 취직하고, 의

사가 되고, 변호사가 될 것이다.'와 같은 어린 시절의 스쳐 지나가는 명사형 꿈이 아니라 구체적인 방법을 모색하며 실천하게 하는 동사형 꿈을 가지게 하는 것. 내 인생을 바꾸어 놓는 생각이 되는 것. 이것이 생각이 우리 인생에 가져다 주는 놀라운 혁명이다.

덧붙여 생각해서 성공한다는 말의 진짜 이야기는 '지속'에 있다. 생각을 지속하지 않고 어느 순간 사라져 버린다면 그것은 곧 절박한 꿈이 아니라는 방증이다. 절박하지 않은 꿈은 언제 이뤄질지 모르는 꿈으로 전락해 버린다. 생각이 가진 힘은 그것을 지속할 때 발현된다. 그리고 그것이 곧 물리적인 실체들을 만들어 낸다.

배고플 때, 무언가를 먹고 싶다는 생각을 계속하면 이내 곧 생각 속에 있던 음식을 사 먹는 일이 생기는 것을 경험한 적이 있을 것이다. 생각이 가진 놀라운 힘은 그것을 지속시킬 때 일어나는데, 우리 안에 물리적인 변화에 대한 욕구가 생기고 그것에 대해 반응을 할 수밖에 없게 된다.

또 하나, 생각이 가진 힘은 우리 안에 내성을 키워주고 훈련을 시켜준다는 데 있다. 수영의 황제라고 부르는 마이클 펠프스(Michael Fred Phelps)[16]는 올림픽에서만 무려 28개의 메달을 홀로 따낸 그야말로 경이로운 기록을 세운 입지적인 선수이다. 펠프스가 이렇게 매우 뛰어난 선수가 될 수 있었던 데에는 타의 추종을 허락하지 않는 연습량과 그의 훈련 덕분이다.

16. 마이클 펠프스(Michael Fred Phelps, 1985~): 미국의 수영 선수로서 올림픽에서만 통산 28개의 메달을 따고, 2016 리우 올림픽에서 올림픽 역대 최다 메달 기록을 달성한 후 현역에서 은퇴했다. 각종 대회에서 따낸 금메달 수는 63개 였다.

그의 코치는 그에게 훈련법 하나를 제안했는데, 그것이 바로 '상상훈련법'이었다. 펠프스는 매일 상상만으로 수영하는 훈련을 했다. 출발하는 순간의 자세와 동작을 상상하고, 팔을 휘젓고, 반환점에서 턴하는 모습 그리고 결승점에 도달하는 순간의 모습 등을 머릿속에서 상상하는 훈련을 빠짐없이 반복했다.

이렇게 몸에 배게 된 상상훈련이 빛을 발하는 순간이 찾아왔다. 2008년 베이징 올림픽 결승전이 있던 날이다. 경기가 시작된 순간 펠프스는 물안경이 잘못되었다는 것을 직감한다. 물안경 안으로 물이 들어왔던 것이다. 그는 눈을 감고서 수영해야 하는 상황을 받아들인다. 결과는 어떻게 되었을까? 꾸준하게 상상훈련을 했던 펠프스는 눈을 감고서도 정확한 지점에서 회전하고 결승점에 도달하는 순간 팔을 뻗어서 마치 아무 일도 일어나지 않았던 것처럼 뛰어난 역주를 일궈냈다. 어떻게 이런 일이 가능했을까? 그것은 꾸준히 해온 상상훈련의 결과 덕분이었다.

생각이 가져다주는 힘은 바로 이런 것이다. 상상을 지속하는 것만으로도 우리는 훈련이 된다. 내성이 생기고 자신도 모르는 사이에 무언가 익숙해져 가는 것을 경험한다. 그러나 명심할 것은 상상만 하는 것이 아니라, 상상을 지속해야 하고 멈추지 않아야 한다는 것이다.

생각이 가진 힘의 또 다른 변화는 그것이 곧 내면의 힘을 강화한다는 데 있다. 목표를 이루는 상상, 성공에 도달하는 상상을 계속하면 이내 곧 자신감이 생기고 잠재력을 발휘한다. 생각하지 않는 사람보다 생각을 계속하는 사람이 목표를 이루고 성공할 확률이 몇

십 배 더 높아진다는 연구 결과가 있다. 생각이 곧, 자신의 모습을 궁극적으로 변화하게 하는 원동력인 셈이다.

운동선수들에게 쉽게 찾아볼 수 있는 모습 중에 플라세보(placebo)효과[17]라는 것이 있다. 시합 전에 무언가를 접하는가에 따라서 그것이 곧 긍정적인 시합 결과로 나타난다는 것이다. 플라세보효과는 곧 자기 암시가 되어 자신감을 불러일으키고 좋은 감정을 생기게 하여 좋은 결과를 일으킨다. 반면에 징크스라고 하는 것은 내면에서 부정적인 감정들이 생기면서 불안함을 유발하고 좋지 않은 결과로 이어지게 한다. 결국은 스스로가 만들어 내는 시스템인 셈이다.

지금까지는 많은 사람이 단순히 생각만 하는 것으로 소망이 이루어진다고 착각하는 경우가 많았다. 그리고 생각을 지속하더라도 그것이 왜 변화를 일으키는지 잘 알지 못했다. 생각은 지속하여야 하고 그것을 구체화하기 시작하면 이내 곧 물리적인 실체가 되어 필요한 모습으로 변화를 요구한다. 그리고 지속하여 생각하면 내면에 자신감이 생기고, 잠재된 능력을 발휘한다. 생각의 변화는 삶의 변화에서 나비효과를 만들어 낸다.

---

17 플라세보(placebo)효과: 치료에 전혀 도움이 되지 않는 가짜 약제를 심리적 효과를 얻기 위하여 환자가 의학이나 치료법으로 받아들임으로써 실제로 치료 효과를 나타내는 현상이다.

2장

여정의 시작

01. 채움
02. 노력과 행동 사이
03. 채움은 고귀하다. 그러나 고통이 따른다
04. 왜 채움인가?
05. 채움은 본질의 자아가 태어나는 과정이다
06. 변화하려면 체질을 바꿔라
07. 자기 기업가 정신, 자기경영
08. 새로운 항상성을 만들어 내라
09. 놓쳐버린 3가지 법칙
10. 변화의 시작, 내면의 억압에서 벗어나기
11. 변화는 피라미드와 같다

01. 채움

더 나은 삶을 향한 인간의 본능적인 욕구는 우리에게 변화를 요구한다. 변화하지 않으면 더 나은 삶은 이후에도 찾아오지 않을 먼 바람으로 끝난다. 누구도 이것을 원하지는 않는다. 현재보다 더 나은 내일이 펼쳐질 것을 소망하는 것이 인간이다. 소망이 현실로 바뀌는 것을 원하는가? 그렇다면 우리는 이제 변화의 여정을 시작해야 한다.

채움은 채워지는 것이 아니라 채워야 하는 것이다. 가령 어떤 사람이 운동을 열심히 한 후, 갈증이 찾아왔다고 하자. 가만히 앉아서 누군가가 나의 목마름을 채워주겠지 하고 생각하면 갈증이 사라질까? 그렇지 않다. 갈증을 해결하기 위해 해야 할 일은 내가 그 갈증을 해결하기 위해 물을 찾아 마시거나 음료를 마시는 것이다.

여기 컵이 놓여 있다. 이 컵을 물로 가득 채우는 것은 어려운 일이 아니다. 오히려 수월한 일이다. 그런데, 컵이 아니라 큰 물통이면 이야기는 다르다. 그리고 물통보다 큰 욕조가 되면 이야기는 더욱 다르다.

우리가 가야 할 변화의 여정은 이와 같다. 처음에는 작은 컵에 물을 채워야 하는 것으로 시작한다. 그러나 변화의 여정은 여기서 멈추지 않는다. 큰 컵이 눈앞에 놓이고 이내 큰 욕조가 눈앞에 놓인다. 이때에도 우리는 그것을 채울 수 있어야 한다. 변화의 과정이란, 곧 채움의 과정인 것이다.

다른 예를 생각해보자. 고등학교 수학 문제를 풀기 위해서는 중학교 수준의 문제를 먼저 풀 수 있어야 한다. 중학교 수학 문제를 풀기 위해서는 먼저 초등학교 수준의 수학 문제를 풀어야 한다.

필요한 능력이 먼저 길러져 있어야 한다. 중학교 수학 문제를 풀기 위해서는 먼저 초등학교 수준의 수학 문제를 푸는 여력, 곧 실력이 갖춰져 있어야 하고, 고등학교 수학 문제를 풀기 위해서는 중학교 수준의 수학 문제를 푸는 실력이 먼저 갖춰져 있어야 한다. 이것이 채움이다. 채워지지 않으면 다음 단계로 갈 수 없다. 그래서 채움은 'Step up Step by step'이다. 어느 날 갑자기 Step 1에서 Step 10으로 가는 것이 아니라 Step 1에서 Step 2로, Step 2에서 Step 3로 가야 한다.

저자는 채움을 깨닫기까지 많은 시행착오를 겪었다. 그리고 그 이면에는 많은 실패와 좌절을 겪으며 어려운 시간을 감내해야 했다. 어떤 책에서는 노력과 열정을 이야기하고, 몰입과 통찰을 이야기한다. 또, 어떤 책에서는 습관을 이야기한다. 중요하면서도 참 좋은 이야기들을 설파하는 책이다. 많은 사람이 이러한 책에 열광한다. 성공을 바라는 사람이 그만큼 많다는 것을 증명하는 모습이다.

그러나, 애석하게도 이렇게 중요하고 좋은 이야기가 사람의 삶을 혁명적으로 바꾸지는 못한다는 사실을 발견했다. 책이 전하는 이야기에 귀를 기울이고, 적용하려 해도 항상 어느 시점에선가 앞으로 더 나아갈 수 없는 벽이 놓였고, 사람들은 항상 같은 모습으로 무너지는 것을 보았다.

어디에서부터 잘못된 것일까? 무엇이 잘못된 것일까? 왜 적용하지 못하고 더 앞으로 나아가지 못하는 것일까? 무엇이 문제일까? 대개 사람은 복잡하고 난해한 상황을 맞이하면 이를 극복하기보다 돌아가는 길을 택한다. 그러나 이것은 현명한 방법이 아니다. 시간이 지나면 포기했던 순간을 후회하는 것이 인간이다. 그렇다면 우리는 맞서는 것을 택해야 한다. 어려울 수 있고 힘들 수 있고 포기하고 싶은 순간을 맞이하지만, 후회할 인생을 만들기보다는 인생을 돌파하는 것이 지금 해야 할 일이다.

02. 노력과 행동 사이

어떤 사람은 성공의 법칙이 노력하고 행동하는 것으로 생각한다. 노력하고 실행하면 성공이 찾아온다고 믿는다. 이들은 흔히 1만 시간의 법칙에 열광한다. 이들은 성공하지 못하는 원인을 노력의 시간이 부족하여서라고 치부한다. 실행하지 않아서라고 받아들인다.

그러나 이것이 변화하지 못한 근본적인 이유가 아니라는 것을 아는 사람은 많지 않다. 1만 시간의 법칙이 절대적인 법칙이 아님에도 불구하고 많은 사람이 이 말 앞에서 낙심하고 좌절을 경험한다.

이들에게 성공은 허락되지 않는 것일까? 1만 시간의 법칙을 이행하지 않는 사람은 실패하는 게 당연한 것일까? 노력이 부족한 자는 어떠한 희망도 품지 않아야 하는 것일까? 성공이 이러한 절대적인 법칙을 따라야 하는 것이라면 대다수 사람에게 너무 가혹한 채찍을 가하는 것이다. 성공을 향한 삶에서 노력과 실행을 강조하는 사람들은 이들에게 이렇게 말한다.

"당신은 노력하지 않고 있어요. 당신은 의지가 부족하고 그것을 해결할 노력조차 하지 않아요."

이 말은 부분적으로 맞고 부분적으로는 틀린 말이다. 한편으로 이 말은 너무 가혹한 말이다. 그런데 '노력'이란 말은 본래 이렇게 가혹한 말이 아니다. 고귀한 가치를 뜻하는 말이다. 숭고한 단어이다. 노력을 떠올릴 때, 가혹한 장면을 떠올리는 사람은 아무도 없다.

노력 자체에만 매달리면 정작 알아야 할 핵심을 놓치고 만다. 노력하는 이유가 도대체 무엇 때문인가? 무엇 때문에 그렇게 노력을 해야 하고 행동해야만 하는가? 우리는 이 질문에 대답할 수 있어야 한다. 그러나 막상 이 질문을 던지면 대답할 수 있는 사람은 그렇게 많지 않다.

대개는 이렇게 말한다.

"목표하는 바가 있으니까 노력을 한 거죠. 행동하지 않으면 바뀌지 않으니깐요."

다시 생각해보자.

"왜 노력을 했던 거지? 왜 행동을 해서 바꾸려고 했던 거지?"

우리는 저마다의 바람을 가지고 있다. 목표도 가지고 있다. 어떤 이는 그것을 '꿈'이라고 말하고, 어떤 이는 '비전'이라고 말한다.

우리에게 노력과 행동은 필요한 것이고 반드시 있어야 한다. 매우 중요한 요소 중의 하나이다. 그런데 잊지 말아야 할 것이 노력과 행동은 양으로 경쟁하지 않는다는 사실이다. 승부의 키는 '방향'이다. 가야 할 방향이 정해지고, 해야 할 일들이 정해지면 필요한 방향으로 필요한 행동을 해야 하는 것, 그것이 중요하다.

성경의 모세오경(五經)에는 이스라엘 백성이 지켜야 할 613개의 율법이 적혀있다. 이 중에 248개는 해야 할 율법을 말하고 있고, 365개는 하지 말아야 할 율법을 설명한다. 노력과 행동이라는 개념에서 중요한 것은 이런 것이다. 우리에게는 해야 할 일들이 있고 하지 말아야 할 일들이 있다. 또 우리는 기준을 따라야 한다. 각자가 정한 기준이 아닌 우리 삶을 변화로 이끄는 기준을 찾아 그것을 따라가야 한다.

03. 채움은 고귀하다 그러나 고통이 따른다

목표를 쉽게 이룰 수 있다거나, 성공이 쉽게 찾아오기를 바라는 사람들이 있다. 그래서 많은 사람이 로또를 구매한다. 그런데 이러한 사람들이 간과하는 것이 있다. 채움에서 가장 중요한 단계가 준비임에도 불구하고 이들은 이러한 준비 단계를 그냥 지나쳐 버린다.

우리가 목표를 이루기 원한다면 먼저 해야 할 것이 있다. 우선에는 생각과 마음의 훈련이 있어야 한다. 그런 다음에 배움의 과정이 있어야 한다. 예컨대 초등학생 자녀에게 용돈으로 천만 원을 준다고 생각해보자.

천만 원을 유용하게 쓸 수 있는 초등학생이 있기나 할까? 기껏해야 장난감이나, 디지털 제품 혹은 먹거리나 옷가지를 사는 것에 사용할 것이다. 물론 일부는 그렇지 않을 수도 있다. 그러나, 대다수의 초등학생 수준에서는 천만 원의 용돈이 생긴다면 본능을 따라 헤프게 낭비할 확률이 높다.

무슨 말일까? 부자가 되고 싶고 성공을 바라는 사람은 많은데, 이를 위한 준비에 신경 쓰는 사람은 드물다. 100만 원을 쥐고 있어도 돈을 헤프게 사용하거나 유용하게 쓰지 못하는 사람은 1,000만 원을 줘도 크게 달라지지 않는다. 1억 혹은 10억이나 그 이상의 큰 돈을 준다면 유용하게 쓸 수 있다고 생각하는가? 그렇게 생각한다면 오판이다. 변화는 그렇게 쉽게 찾아오지 않는다. 돈에 대한 훈련이 되지 않았는데, 어느 날 갑자기 로또 1등에 당첨이 되거나 뜻하지 않은 큰돈이 생긴다 하여도 그 돈을 유용하게, 가치 있게, 효율적으로 쓰는 상황은 발생하지 않는다.

우리는 이 부분을 너무도 쉽게 지나쳐 버린다. 준비가 되지 않은 상태에서, 훈련이 되지 않은 상태에서 아무리 큰돈을 줘도 유용하게 쓸 리가 만무하다. 효율적으로 쓰지 못함은 자명하다. 세계 각나라에서 1등 복권에 당첨된 사람 대다수가 당첨 이전의 삶보다 더 못한 삶으로 돌아간 이야기를 우리는 심심치 않게 듣는다. 목표나 성공을 쉽게 달성하려고 하면 안 된다. 내가 먼저 그릇이 되는 것이 중요한 것이지, 현재의 그릇에 무엇을 담을 것인가는 나중의 문제이다.

국가대표를 꿈꾸는 운동선수가 있다. 이 선수에 있어서 운동을 소홀히 한다는 것을 생각할 수 있겠는가? 연습을 게을리하는 걸 생각할 수 있겠는가? 최고의 바리스타가 목표인 사람이 커피에 관한 연구를 뒷전에 둔 채, 설렁설렁 시간만 보내는 것을 생각할 수 있겠는가? 채움에는 채움의 시간이 필요하고 채워야 할 것을 채우는 과정이 있어야 한다. 그래서 채움에는 역경과 고난의 시간이 따른다. 쉽지 않은 인내와 연단의 시간을 거쳐야 한다. 세상과 힘겨운 싸움이 기다리고 있으며 자신과 힘겨운 싸움도 기다리고 있다. 그러나 쓰디쓴 연단 시간을 거치고 나면 달고 단 열매가 기다리고 있다.

고통은 괴로울지언정 열매는 달콤하고 풍성한 결실을 안겨준다. 실패와 역경, 고난의 시간이 없는 숙성 과정은 자연에 존재하지 않는다. 인생도 마찬가지이다. 실패와 역경과 고난의 시간을 거쳐 숙성되면 향기가 짙고 풍성한 과실을 맺는다.

채움의 법칙은 우리에게 고통을 경험하라고 하지 않는다. 필요한 시간을 경험하라고 한다. 역경을 통과해야 다음 단계가 펼쳐지고 미래에 바라던 삶으로 들어갈 수 있다. 필요한 것을 채우면 예정된 결과가 찾아온다. 반면 필요한 것이 채워지지 않으면 결핍이란 열매가 맺힌다. 우리는 테스트를 통과해야 한다. 훈련하고 성장해야 한다.

04. 왜 채움인가?

삶은 인과관계를 따른다. 원인이 없는 결과는 없다. 이러한 삶은 자연에서 나왔다. 인간은 본래 자연에서 나아 자연과 더불어 살다가 자연으로 돌아간다. 그래서 인간은 자연과 분리해서 생각할 수 없다. 자연을 관찰하다 보면 인간의 근원적인 모습 즉, 본질에 접근할 수 있다.

예로부터 인간은 자연에서 숨겨진 법칙들을 발견해 왔다. 대표적인 예가 심는 대로 거둔다는 법칙이다. 아무것도 없는 것에서는 아무런 결과가 생기지 않는다. 사과 한 개를 얻기 위해서는 사과나무를 심어야 하고, 사과나무가 자랄 수 있도록 영양분을 공급해야 한다. 그리고 잘 가꾸어야 하는 과정이 더해져야 한다.

한 인간이 성장해 가는 과정에서 필요한 건 바로 채움이다. 자연에서 공급에 해당하는 것을 인간에게 적용하면 채움이다. 열매를 얻기 위해서는 씨앗을 심어야 하고 영양분을 주어야 한다. 마찬가지로 목표를 달성하고 성공을 향해 나아가기를 원한다면 심고 영양분을 주는 작업이 있어야 한다.

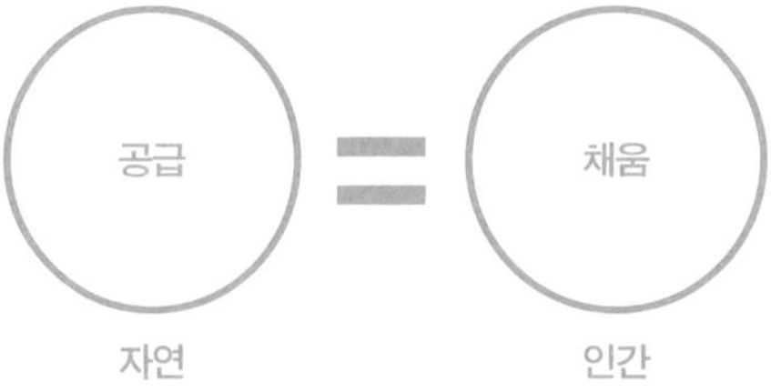

『최고의 변화는 어디서 시작되는가?』에서 벤저민 하디[1]는 환경의 중요성을 언급한다.

> 당신과 당신의 환경은 밀접한 연관성이 있다. 환경이 달라지면 당신이 어떤 사람이고 무엇을 할 수 있는지도 달라진다. 당신이 맑은 날 밤에 맨눈으로 명왕성을 보겠다며 바깥에 서 있다고 하자. 몇 시간, 몇 주, 몇 년, 심지어 몇십 년을 그렇게 있어도 명왕성을 볼 수 없을 것이다. 의지력과 긍정적인 마음가짐 그리고 자기계발서가 당신에게 필요하다고 이야기해온 온갖 특성들이 있어도, 맨눈으로 명왕성을 보지는 못한다. 하지만 고성능 망원경을 사용한다면 바로 명왕성을 볼 수 있다.

저자는 이 부분에 일부는 동의하고 일부는 동의하지 않는다. 우리가 삶을 사는 데 있어서 환경은 분명 중요한 역할을 한다. 그러나 환경 변화가 성장의 필수 요소인 것은 아니다. 이를 증명하는 예화를 소개한다.

해마다 대한민국에서는 60만 명에 가까운 수험생이 대학수학능력 시험을 치른다(2021년 49만 명 응시). 그리고 시험 결과를 발표하면 만점자 혹은 만점을 아쉽게 놓친 학생이 항상 등장한다. 저자는 그들의 인터뷰를 주목해서 보았다. 한 번은 인터뷰를 듣다가 적지 않게 충격을 받았다.

한 만점자가 방송에 나와 자신의 만점 비결을 설명했다. 저자가 느끼기에 그다지 특별할 것도 없는 이야기였다. 이어 만점자의 공

---

1. 벤저민 하디. 『최고의 변화는 어디서 시작되는가?』. 비즈니스북스. 2018. p54.

부환경이 방송화면에 잡혔다. 그의 열악했던 공부환경이 화면에 비친 것이다. 게다가 이 만점자는 전교생이 10명 남짓한 분교 출신이었다. 사설 교육기관의 도움을 전혀 받지 않고 경제적으로 넉넉하지 않으며 교육 환경이 좋은 여건이 아니었음에도 그는 당시 유일한 만점자가 되는 쾌거를 이뤘다.

환경과 여건이 성공하는데 있어서 필수 요소라고 생각하는가? 환경보다 더 중요하고 가치 있는 것이 있다. 성공한 사람은 환경에 절대 의지하지 않는다. 환경의 도움을 받았을 수는 있으나, 그들에게 있어서 환경은 성공에 이른 지배적인 요소가 아니었다.

로고 테라피(Logo therapy)[2]의 아버지라 불리는 빅터 프랭클(Viktor Emil Frankl)의 이야기는 주목할 만하다. 그는 인간적 고통을 최악으로 겪는 가운데 위대한 사람으로 성장하여, 인간의 역사에 발자취를 남긴 사람이다. 1905년, 중산층 가정에서 태어난 그는 오스트리아의 정신과 의사였다. 그에게는 형과 동생이 각각 한 명씩 있었다.

빅터 프랭클은 유대인이었고, 단지 그 이유로 1944년 그는 아우슈비츠 수용소에 갇혔다. 그가 할 수 있는 것이라곤 그저 함께 갇힌 사람들을 관찰하는 일뿐이었다. 수용소의 사람들은 풀려날 날을 기다리면서 하루하루를 보냈다. 그러던 어느 날, 빅터 프랭클은 놀라운 경험을 한다. 수용소에 갇힌 사람들을 관찰하던 중, 특별한 부류의 사람들이 있는 것을 발견한다. 이후 그는, 1945년 미군에

2. 로고 테라피: 삶의 가치를 깨닫고 목표를 설정하도록 하는 것에 목적을 둔 실존적 심리치료 기법.

의해서 수용소에서 풀려나자 자신이 겪었던 것을 세상에 알려야겠다고 생각해서 3명의 비서를 통해 기록했다.

이로써 빅터 프랭클의 가장 위대한 작품이 탄생했다. 『죽음의 수용소에서』는 지구상의 거의 모든 언어로 번역되었다. 이 책에서 프랭클은 인간의 내면에 있는 힘. 즉, 잠재적 의미에 관해 이야기하고 있다.

> 의미를 찾으려는 인간의 노력이 마음의 평온을 가져오기보다는 긴장을 불러일으키는 것은 틀림없는 사실이다. 삶에 어떤 의미가 있다는 것을 깨닫는 것보다 최악의 상황에서 효과적으로 살아남을 방법은 없다. '왜 살아야 하는지 아는 사람은 어떤 어려움도 참고 견딘다'라는 니체의 말에는 이런 예지가 담겨 있다.[3]

앞서 말한 수학능력시험에서 만점자가 이뤄낸 쾌거의 원동력은 빅터 프랭클이 찾아낸 인간의 내면의 힘에서 나온 것이다. 인간 모두에게는 잠재력이 있다. 그리고 이러한 잠재력은 개인이 의미를 발견할 때에만 비로소 힘을 발휘한다. 그리고 의미를 발견하고 잠재력을 제대로 발현하기 위하여 온전히 자신에게 집중하는 것이 필요하다. 그런 뒤에 내면에 있는 잠재력이 자신을 이끌도록 해야 한다.

자신이 앞으로 나아갈 수 있도록 방향키를 조정해야 한다. 물론 방향키만 바꾼다고 되는 것은 아니다. 내면의 힘을 끌어올릴 뿐 아

3.빅터 프랭클. 『죽음의 수용소에서』. 청아출판사. 2020. p174.

니라 부족한 내면의 힘을 키워나가는 것도 필요하다. 채움이란 바로 이것을 말하는 것이다. 채움 없이는 즉, 내면의 힘 없이는 앞으로 나아갈 수 없다. 이것을 다르게 말하면 인간은 누구나 채움의 법칙을 통해 앞으로 나아갈 힘을 얻는다.

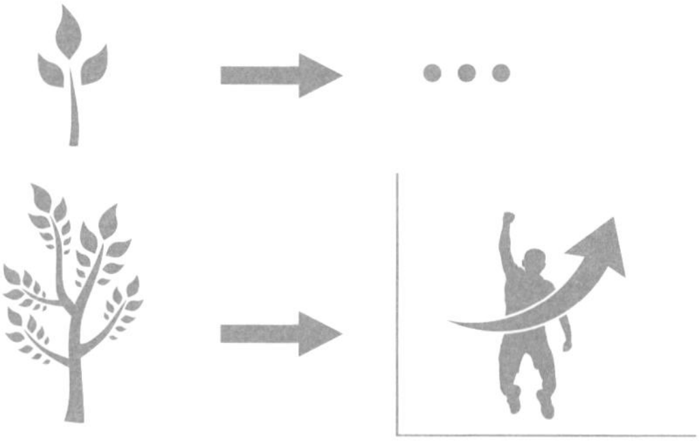

채움 없이는 작은 식물이 성장할 수 없다. 그러나 채움의 과정을 거친 나무에는 변화와 성장이란 과정이 찾아온다.

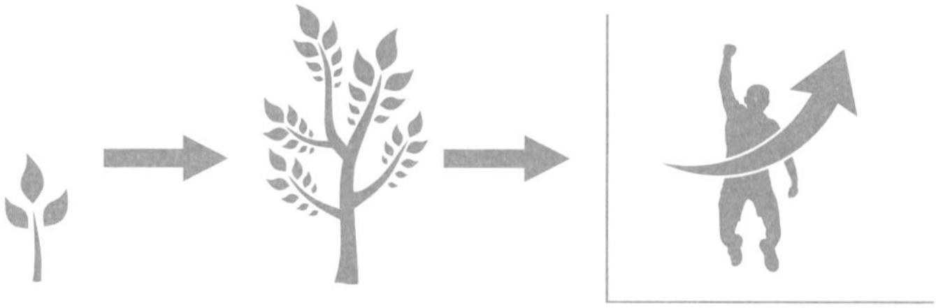

채움의 과정은 점진적이고 단계적이다. 이 과정을 거치면 모든 인간은 변화를 경험하고 성장할 수 있다. 이내 원하는 삶의 목표에 다다른다.

05. 채움은 자아가 태어나는 과정이다.

사람은 태어나서 숨을 쉬는 순간부터 '경험'을 하기 시작한다. 몇 년이 지나면 기억을 쌓아간다. 그러다 서서히 기억을 조작하여 이야기로 꾸민다. 바로 '나는 누구인가?'에 대한 이야기다. 당신의 이야기는 당신에게 특별한 영향을 준 순간들의 집합이라 할 수 있다. 살아가는 동안 당신은 성공과 실패, 자랑스러운 순간과 부끄러운 순간 등 다양하게 경험한다. 그리고 이 모든 순간을 '실제 사건'과 '각색된 사건'이라는 두 가지 버전으로 머릿속에 저장한다. 다시 말해 일상에 결정적인 사건이 일어나면 그 사건의 일부만을 골라 '나는 누구인가?'에 대한 주관적인 이야기로 꾸며 내는 것이다.[4]

위의 글은 『어떻게 변화를 끌어낸 것인가?』에서 언급하고 있는 내용이다. 우리는 각자가 살아온 인생에 대해 스스로가 생각하는 대로 인생을 해석한다. 그리고 기억의 조각들을 끄집어내 '나는 이런 사람이야. 나는 이러한 인생을 살아왔어'라고 이야기한다. 살아온 인생의 조각들을 하나의 이야기로 재구성하는 것이다.

4. 베넘 타브리치,마이클 테렐 공저.『어떻게 변화를 끌어낼 것인가?』. 코리아닷컴. 2014. p46-47.

이 책에서는 사람들이 자신의 정체성을 드러낼 때 '실제 사건'과 '각색된 사건'이라는 두 가지 버전으로 머릿속에 저장했다가, 일부만을 드러내어 주관적으로 이야기를 꾸며 낸다고 한다. 우리가 경험하는 삶의 모든 순간은 실제 사건으로 저장하지 않는다. 일부는 각색하여 저장한다. 그러다 보니, 우리가 누구인지를 드러내야 하는 시점이 오면, 자신의 정체성에도 문제가 발생하곤 한다. 왜곡된 자아가 만들어진 탓이다.

자신의 주관적인 해석을 근거로 삼아 정체성을 조작하여 만든 자아가 인생을 이끌면 어떤 삶을 살게 될까? 본질의 자아가 아닌, 왜곡된 자아에 의해 왜곡된 인생을 산다. 이른바 '정체성의 함정'이 발생한다.

우리가 변화를 원한다면 자신을 '올바르게' 바라보아야 한다. 자신이 누구인지를 깨닫는 과정에서부터 변화는 시작하는데, 자신이 누구인지 왜곡한 자아에 의해서 바라보면 계속하여 거짓 스토리의 주인공으로 살아간다. 이것을 원치 않는다면 우리는 본질의 자아를 바라보아야 한다.

이어 『어떻게 변화를 끌어낼 것인가?』에서 정체성의 함정에 대해 다음과 같이 말한다.

> 자신을 정확히 이해하면 변화 과정에서 저항을 줄이고 성공적인 결과를 얻을 수 있다. 자신이 진정으로 어떤 사람인지 명확히 파악한다면 소명의 본질도 완전히 이해한다. 결국, 올바른 방향으로 목표를 정하고 인생에 가장 큰 만족을 가져다줄 변화를 추구할 수 있으며 열정

과 용기를 갖고 뛰어난 능력을 발휘한다.[5]

본래 인간은 부정적인 존재가 아니다. 채우지 못한 결핍에서 문제가 발생하는 것이지, 인간 존재 자체가 부정적인 존재는 아니다. 맹자의 성선설과 순자의 성악설을 말하는 것이 아니다. 인간이 태어나는 순간에는 선하다, 악하다는 개념이 성립되지 않는다. 그것을 판단하는 자에 의해 해석되는 것이지, 인간은 본래 미래를 향한 가능성의 존재로 태어난다. 이것이 우리가 잊지 말아야 할 인간의 본질이다.

인간에게는 '인간다움'이라는 말을 한다. 이 말은 인간이 살아야 할 삶의 방향이 있다는 말이다. 삶의 궁극적인 방향이 정해져 있다는 뜻이다. 그러나 구체적인 삶의 순간은 각자가 그려나가야 하는 법이다. 우리 모두에게는 캔버스가 놓여 있고 어떤 그림을 그릴 것인지는 각자의 몫에 따른다. 가령, 성공을 원한다면 성공하는 그림을 그려야 한다. 누군가의 인생을 대신 사는 것이 아닌 이상 내 삶의 이야기는 내가 설계하여 살아야 한다.

캔버스에 그리는 과정이 바로 채움이다. 무엇을 채울 것인가 하는 것은 자신에게 달려있다. 많은 강의를 듣고 많은 책을 읽더라도 그것은 조언일 뿐이다. 강의와 책의 내용을 접했다고 캔버스에 그림이 그려지는 것은 아니다. 중요한 것은 그러한 조언을 발판삼아 자신의 그림을 그려야 한다.

우리의 인생은 이렇듯 무엇을 그릴지 정한 다음에 그리기 시작

5. 위의 책. p44.

해야 한다. 무턱대고 그리다 보니 그림을 완성하는 것이 아니다. 무엇을 그릴지 결정한 다음에 그것에 맞추어서 스케치를 해야 한다. 그런데, 대다수의 사람은 이러한 과정을 반대로 한다. 그러다 보니 생각하는 대로 살고 발길이 닿는 대로 걸어간다. 캔버스에 그림을 잘 못 그렸다면 다시 그리면 된다. 그림을 잘 못 그렸다고 좌절할 필요가 없다. 다시 그릴 것인가? 지금의 상태를 유지할 것인가? 결정은 본인에게 달려있다.

06. 변화하려면 체질을 바꿔라.

살을 뺀다고 운동하는 사람이 많다. 그런데 운동하여 몸무게를 줄이는 사람도 있겠지만, 운동한 후에 몸무게가 느는 사람도 적지 않다. 왜 이런 현상이 발생할까?

다이어트에 관한 자료를 보면 사람마다 소비하는 열량에는 기초대사량과 활동대사량이 있다. 기초대사량을 살펴보면 어떤 사람은 하루에 1,500cal를, 어떤 사람은 2,500cal를 소비한다. 사람마다 소비시키는 정도의 차이가 있는 것이다. 대개 운동한다고 하는 사람을 보면 처음 몇 주 혹은, 몇 달간은 운동을 정말 열심히 한다. 그리고 운동을 열심히 한 자신에게 보상을 주기 위해 먹는다.

열심히 운동해서 500cal를 소모했는데 먹는 것으로 인해 600cal

를 섭취했다면 결국 100cal가 오버된 셈이다. 운동하여 몸무게를 줄인다는 사람이 겪고 있는 딜레마이다. 그렇다면 운동을 하지 말아야 하는가? 운동해서 몸무게를 줄인다는 것은 잘못된 것일까?

운동은 몸무게를 줄이는 것이 목적이 아니라 체질을 바꾸는 것이 목적이다. 운동을 열심히 하다 보면 체질이 바뀌고, 이 바뀐 체질로 인해 기초대사량이 늘어난다. 그래서 섭취하는 것보다 소비하는 열량이 많아지고 이것이 다이어트 효과로 나타나는 것이다.

우리가 어떤 변화를 원할 때 명심해야 하는 것이 바로 이 부분이다. 우리는 무언가를 이루기 위해 어떤 것을 열심히 해야 할 때가 있다. 가령, 영어공부를 위한 계획을 세워 성과를 위해 단기간 열심히 매진했던 경우가 있을 것이다. 그런데 막상 결과는 어떠했는가?

탁월한 성과를 기대하고 시작한 결과는 어떠했는가? 대부분은 원점으로 되돌아갔을 뿐 기대했던 결과는 나타나지 않았을 것이다. 노력이 부족해서일까? 끈기가 부족해서일까? 방법이 잘 못 되었던 것은 아닐까?

끈기가 부족하고 노력이 부족하고 방법이 잘 못 되었다 하더라도 조금의 변화는 있었어야 했다. 그런데, 막상 시간이 지나면 남는 것이 없는 상태로 되돌아갔다.

이러한 현상이 발생하는 것은 임계점을 넘기지 못해서이다. 이러한 임계점은 체질이 바뀌기 시작하는 임계점을 말한다. 어떤 것을 성취하기 위해서 무언가를 시작했다면 몸의 변화 이외에도 마음의 변화, 생각의 변화가 오기까지 버텨야 하는 시간이 필요하다.

이것은 해도 되고, 안 해도 되는 선택에 따른 것이 아니다. 반드시 해야 한다. 체질의 변화는 임계점을 넘는 순간 찾아오기 때문이다. 할 수 없던 몸이 할 수 있는 몸으로 바뀌어 가는 것, 꿈과 희망이 없던 삶이 인생의 비전을 향해 달려가게 하는 것, 영어에 대한 두려움이 사라지고 영어가 친숙한 언어로 느껴지는 것, 이러한 변화는 체질의 변화가 이루어짐으로써 찾아온다.

우리는 체질을 변화시켜야 한다. 체질이 바뀌어야 가정도 바뀌고, 학교도 바뀌고, 직장도 바뀌고, 꿈을 향해 나아갈 수 있다. 체질이 바뀌어야 과거에 머무르지 않고 미래를 향해 나아갈 수 있다. 체질이 바뀌지 않는 한 변화는 탄력성을 가진 용수철과 같아서 다시 제자리로 돌아간다.

용수철이 제자리로 돌아가지 않기 위해서는 무엇을 해야 할까? 그것은 탄성이 작용하지 않는 범위까지 용수철을 끌어당기는 것이다. 어느 정도의 길이만큼 늘어나면 용수철은 탄성력이 미치지 않는 상태가 되어 나중의 상태를 유지하게 된다.

이것이 바로 체질의 변화이다. 체질의 변화는 임계점을 넘을 때까지 멈추지 않는 것이다. 노력이 중요하고, 몰입이 중요하고, 집중력과 끈기, 그리고 긍정적 미래관이 중요한 이유는 바로 변화를 가져오기 시작하는 임계점을 넘기 위해서이다. 어느 것 하나가 개별적으로 채워진다고 해서 임계점을 돌파할 수 있는 것은 아니다.

노력이 있어야 몰입을 할 수 있고, 끈기가 있어야 포기하지 않고 끝까지 갈 수 있다. 그렇다면 노력과 끈기, 몰입이 있으면 목표를 이룰 수 있는가? 그렇지 않다. 긍정적 미래관이 있고, 다가올 미래에 대한 비전이 있어야 한다. 이러한 개별 요소 하나하나가 연합체가 되어 힘을 발휘할 때 임계점을 넘길 수 있다. 임계점을 돌파하면 비로소 변화가 일어난다.

07. 기업가 정신, 자기경영

사람은 누구나 자기 인생의 CEO이다. 자기 인생의 운영자이며, 관리자이며, 총괄기획부장이며, 인사팀장이다. 사람은 자기경영을 얼마나 잘하는가에 따라서 인생이 달라진다. 그렇기에 사람은 누구나 기업가 정신을 가져야 한다.

일을 얘기하는 것이 아니다. 회사를 경영하는 것만큼이나 자기 인생을 경영하는 것이 필요하다. 사람이 무너지는 일은 왜 일어난다고 생각하는가? 자기경영을 잘 못 했기 때문이다. 한 기업의 무너짐처럼 자기경영을 잘못하면 이와 같은 일이 벌어진다. '무슨 말도 안 되는 소리야'라고 반문할지도 모르겠다. 그러나 명심하자. 인생은 경영하는 것이다. 얼마큼 잘 경영했는지에 따라 인생이 달라진다. 나를 잘 다스린다는 것이 얼마나 중요한지는 누구나 알고 있다. 삶에서 가장 어렵고 힘겨운 싸움이 자신과의 싸움이라는 것도 우리는 알고 있다.

자신과의 싸움도 있는데, 자신을 경영하는 것이 불가능할 것 같은가? 아니다. 자신을 경영하는 것은 자신과 싸움처럼 가능한 일이다. 그렇기에 잘 경영하는 것 또한 가능하다.

자기 인생을 잘 디자인하고 싶으면 내 인생에서 뛰어난 디자인 팀장이 되어야 한다. 물론 그러기 위하여 배워야 한다. 훈련해야 한다. 뛰어난 디자인을 하기 위하여 어떤 디자인을 어떻게 해야 할지 알아야 한다. 사람을 잘 만나고 싶으면 뛰어난 인사팀장의 능력을 발휘하여야 한다. 만나야 할 사람을 잘 만나고 멀리하여야 할 사람을 잘 파악해야 한다. 가까이에 두어야 할 사람과 가끔 만나야 할 사람을 잘 분별해야 한다.

자기경영은, 이렇게 자신에 대한 인생을 경영하는 것이다. 말하는 법, 생각하는 법, 생각을 다스리는 법을 알아야 한다. 회사를 잘 경영하기 위하여 경영전략이 필요하듯이 자기 인생을 잘 경영하기 위해서도 자기 경영전략이 있어야 한다.

이쯤에서 잘 경영한다는 것에 관해 질문해야 한다. 논어에서 강조하는 말 중에 장목비이(長目飛耳; 멀리 보고 많이 들어라)가 있다. 정보와 지식을 얻는 데 힘쓰라는 말이다. 그런데 이 말을 다르게 표현하면 주위에 필요한 정보와 지식이 많다는 말이다.

우리가 사는 세상에는 누구나 보편적으로 적용할 수 있는 원칙이 있다. 보편적인 가치가 존재한다. 너무 어렵게 생각하지 않아도 된다. 보편적인 원칙만 따라가도 충분히 자기경영을 잘할 수 있다. 보편적인 원칙에 내 생각을 끼워 넣지만 않으면 말이다.

그런데, 이게 어렵다. 이해는 가는데, 내 생각을 먼저 내세운다. 그리고 보편적인 원칙을 멀리한다. 더는 보편적인 원칙으로 운영하는 것이 아니라, 인생을 하고 싶은 대로 하며 산다. 하고 싶은 대로 사는 인생은 잘 경영하고 싶었던 초기의 마음을 무색하게 만들어 버린다. 잠언 4장 23절에서 마음을 지키는 것에 관해 다음과 같이 표현하고 있다.

"무릇 지킬만한 것보다 더욱 네 마음을 지키라. 생명의 근원이 이에서 남이니라."

마음을 지키는 것은 다른 어떤 것보다 중요하다. 이에서 생명이 나온다고 말한다. 마음을 지키면 그것이 나를 살리는 것이다. 그런데 마음을 지키지 못하면 그것이 나를 무너지게 한다. 그리고 나아가 나를 해치고 다른 사람을 해치는 것이다.

자기경영을 잘하고 싶은가? 성공을 말하는 것이 아니다. 그러나 성공하기 위해서 자기경영을 잘해야 한다. 성공한 사람들의 이야기를 통해 얻을 수 있는 귀한 깨달음에는 이러한 자기경영의 철학이 담겨 있다. 자신을 다스리지 못하는데 어떻게 다른 사람의 마음을 움직이고 기업을 움직일 수 있겠는가? 자신을 통제하지 못하는데 어떻게 기업을 운영할 수 있겠는가?

지금, 이 순간부터 자기경영에 대한 마음을 다시 부여잡고 시작하자. 나를 다스릴 줄 아는 사람이 세상을 변화시킨다. 분노를 다스릴 수 있어야 한다. 싫은 감정을 표출할 때와 표출하지 말아야 할 때를 알아야 한다. 말하고 싶지만 침묵해야 할 때가 있고, 침묵하고 싶지만 말해야 할 때가 있다. 자기경영을 하다 보면 적절한 때에 적절한 행동을 하는 법을 배우게 된다.

적절한 때에 적절한 행동을 하는 것은 매우 중요하다. 모든 것에는 최적의 타이밍이 있기 때문이다. 이러한 것은 운동 경기에서도 나타난다. 공격해야 할 때가 있고 수비해야 할 때가 있다. 페이스를 유지해야 할 때가 있고 스퍼트해야 할 때가 있다. 치고 나가야 할 때가 있고 패스해야 할 때가 있다.

자기 인생 경영에서도 이러한 원칙들을 적용해야 한다. 적절한 때를 파악하자. 그리고 적절한 때에 해야 할 행동을 배워두자. 굳이 성공하고 싶지 않다고 하더라도 자기경영은 필요하다. 자신을 위한 것도 있지만, 타인을 위해서도 사회를 위해서도 자기경영은 누구나 해야 한다. 얼마큼 잘하고 못 하냐의 차이는 있을 수 있지만, 자기경영은 누구에게나 주어진 보편적인 미션이다. 내가 바로 서야 사회가 변할 수 있기 때문이다.

08. 새로운 항상성(Homeostasis)[6]을 만들어라

'항상성'이라는 것이 있다. 넓게는 우주의 질서를 말하고 좁게는 인간의 몸에 국한하는 말이다. 이를 자세히 살펴보자. 우리가 사는 우주라는 세계는 항상 안정된 상황을 유지하려 한다. 질서의 세계에 무질서가 들어오거나 어떤 새로운 자극을 받으면 우주는 이를 인지하고 본래 가지고 있는 시스템을 작동시킨다.

6. 항상성(恒常性, Homeostasis): 변수들을 조절하여 내부 환경을 안정적이고 상대적으로 일정하게 유지하려는 계의 특성.

그리고 새로운 자극에 관해 이를 다시 본래의 모습으로 돌리려는 움직임을 보인다.

인간의 몸도 마찬가지이다. 질병에서 자유로운 사람은 아무도 없다. 그리고 건강을 해하고자 자기 몸을 방치하는 사람도 없다.

평화롭던 몸에 병원균이 침투한다. 그리고 몸 안의 질서를 흐트러뜨린다. 작전 사령부인 뇌는 몸속에 침투한 바이러스를 찾아내고 이를 처치하기 위한 작전 명령을 내린다. 그렇게 두 세력 간의 싸움이 끝나면 다시 평화로운 세계가 찾아온다.

이것이 바로 항상성이다. 어떻게 보면 항상성은 참 좋아 보인다. 그러나 이 항상성에는 치명적인 약점이 있다.

바로 변화를 싫어한다는 것이다. '나는 괜찮아'라고 나름의 변명을 던져보지만, 이 항상성으로 인해 삶은 고인 물이 되고 어느 시점엔 생명을 잃어버린 물로 변한다. 생명을 잃어버린 물은 맛을 잃은 열매와도 같다. 단물이 빠진 수박과 김빠진 콜라와도 같다. 이를 좋아할 사람은 아무도 없다. 인간은 본능적으로 생명을 갈구하는 존재이기 때문이다.

우리는 이제 새로운 항상성을 만들기 위한 여행을 시작해야 한다.

마음 깊은 곳에 숨어 있는 '반란'을 느껴보지 않은 사람은 없을 것이다. 그러나 우리가 대부분은 어제의 인간으로 남아 오늘을 다시 시작하는 이유는 생활의 불편을 감수하기가 쉽지 않기 때문이다. 이것은 관성과 같다. 움직이지 않는 물체는 그대로 있으려고 한다. 그러나 일단 구르기 시작하면 계속 구르려고 한다. 정지 상태와 운동 상태의 사이에는 단절이 있다. 이 단절을 넘어설 때 우리는 다른 삶을 살 수 있다. 이 단절은 뿌리 깊은 '정지하고 싶은' 관성을 극복함을 의미한다. 일상이 주는 주위의 편안함이 없다. 모든 것이 새롭고 낯설다. 배워야 하고 부지런해야 한다. 더욱 참기 힘든 것은 매일 그래야 한다는 점이다.[7]

우리의 뇌는 변화를 싫어한다. 우리 몸에는 이전으로 돌아가려는 관성이 작용하고 있다. 그렇기에 우리가 해야 할 일은 관성의 위치를 옮기는 것이다. 항상성의 상태를 바꾸는 것이다. 마치 이사를 하는 것과 같은 원리이다. 새로운 집으로 이사를 하면 처음에는 모든 것이 새롭게 느껴진다. 새로운 지역에 대해 낯섦도 찾아온다. 그러나 어느 정도의 시간이 지나고 나면, 새로운 보금자리가 익숙해진다. 새로운 관성을 형성한 것이다.

우리가 변화를 두려워하는 것은 바라지 않아서가 아니라 익숙한 생활이 주는 기득권을 잃어버릴까 봐 두려워서이며 일상생활의 편안함을 놓치기 싫어서이다. 그러나 꿈을 가지고 일단 개혁을 시작하여 구르기 시작하면 끊임없는 변화를 일상의 원리로 받아들여야 한다."[8]

『익숙한 것과의 결별』에서 언급하는 것처럼 우리의 꿈은 정지 상태와 운동 상태의 단절을 넘어서야 한다. 변화를 바란다면 정지하

7.구본형.『익숙한 것과의 결별』. 을유문화사. 2007. p114.

8. 위의 책, p114.

고 싶은 관성을 극복해야 한다. 배워야 하고 부지런해야 한다. 새로운 항상성이 만들어지면 이는 일상이 자동으로 흘러가게 한다. 그렇기에 우리가 할 일은 새로운 항상성을 만드는 것이다.

09. 놓쳐버린 3가지 법칙

① 배움의 법칙

채움은 법칙이자 공식이다.

수학 문제를 풀기 위해서 다양한 공식을 알고 있어야 한다. 공식을 알아야 문제에 맞는 공식을 머릿속에 떠올리며 풀어갈 수 있다. 우리는 어릴 때부터 이런 식으로 공부했다. 학창시절에 하던 공부를 두고 어떤 사람은 반문한다. '왜 굳이 살면서 필요치도 않은 것을 배워야 하지?', '나중에 정말 써 먹을 때가 있을까?', '꼭 필요한 몇 가지만 배우면 되는 거 아닌가?'

이 질문은 맞는 질문일까? 삶이 몇 가지의 배움으로만 살 수 있는 것이라면 왜 우리가 사는 사회에는 문제가 많이 생기는 것일까? 우리는 이제 인정해야 한다. 몰랐던 것을 겸손하게 받아들여야 한다. 그리고 다시 배움의 자세로 나서야 한다. 배우지 않으면 문제를 해결할 수 없고 발전할 수 없다.

많은 사람이 성공을 꿈꾼다. 그래서 성공한 사람의 강연을 듣고,

그들이 쓴 책을 통해 노하우를 알고자 한다. 이렇게 책과 강의를 통해 영감과 지혜를 얻어서 성공의 길로 달려가는 것은 맞는 길이다. 좋은 방법이다. 그러나 막상 결실을 보는 이는 소수에 불과하다.

이것이 궁금하지 않은가? 왜 소수의 사람만 결실을 보는 것일까? 혹시 책을 덜 읽어서 그런 것일까? 강의를 더 들어야 할까? 자기반성을 안 해서 그런 것일까?

누구에게나 소망하고 꿈꾸는 것이 있다. 그렇게 사람들은 소망하고 꿈을 가지고 산다. 정도의 차이는 있지만, 누구나 무엇인가를 소망하며 사는 것은 틀림없는 사실이다. 그런데 왜 누구는 그 소망을 이루고, 꿈을 성취하며 살고, 누구는 그렇지 못하면서 사는 것일까? 무엇이 이러한 결과를 만들어 내는 것일까? 우리는 무엇을 놓친 것일까?

첫째, 우리는 배움을 놓쳤다.

삶은 배움의 연속이다. 유아기 시절부터 청소년기를 거쳐 성인이 되기까지 삶 자체가 배움의 연속이라는 것을 부인하는 사람은 없다. 성인이 되어서도 마찬가지이다. 오히려 성인이 되면 배워야 할 것이 더 많다. 세상의 급격한 변화에 적응하려면 풀어야 하는 문제가 더 많기 때문이다.

배움은 특정 과목의 공부를 말하는 것이 아니다. 배움 그 자체는 살기 위해서 해야 하는 필수 요소이다. 살기 위해서, 사는 법을 알기 위해서, 더 잘 사는 법을 터득하기 위하여 우리는 배워야 한다. 인간은 본래 공부하는 존재(Homo Academicus)로 태어났다. 공부할 때 인간은 본연의 의무, 가치를 깨닫는다. 시계가 시간을 알리기 위해 만들어지고 자동차가 이동을 위해 만들어진 것처럼 인간에게는 인간 본연의 목적, 의무가 있다.

> 인간에게 실제로 필요한 것은 긴장이 없는 상태가 아니라 가치 있는 목표, 자유의지로 선택한 그 목표를 위하여 노력하고 투쟁하는 것이다. 인간에게 필요한 것은 어떻게 해서든지 긴장에서 벗어나는 것이 아니라 앞으로 자신이 성취해야 할 삶의 잠재적인 의미를 밖으로 불러내는 것이다. 인간에게 필요한 것은 항상성이 아니라 정신적인 역동성이다. 말하자면 한쪽 극에는 실현되어야 할 의미가, 그리고 다른 극에는 그 의미를 실현해야 할 인간이 있는 자기장 안의 실존적 역동성이다.[9]

『죽음의 수용소에서』의 빅터 프랭클은 인간에게 필요한 것은 자신이 성취해야 할 삶의 잠재적인 의미를 밖으로 불러내는 것이라고 한다. 그러므로 변화, 성취, 성공을 위해서 먼저 해야 할 것은 인간 본연의 의미를 찾는 일이다. 흔히 인간은 생각하는 존재라고 한다. 물론, 동물 중에도 생각하는 동물이 있다. 그러나 인간의 생각은 동물의 그것과는 차원이 다르다.

동물도 생각하는 모습을 보일 때가 있다. 그러나 인간처럼 과거를 돌아보며 남은 삶을 어떻게 살 것인가, 라고 고민하는 동물은 없다. 동물은 그 자체로서 동물적인 삶을 살기 위해 태어났다. 반면에 사람은 과거를 회상하고 현재를 탐구하며 미래를 구상한다.

---

9. 빅터 프랭클. 『죽음의 수용소에서』. 청아출판사. 2020. p176.

인간은 생각하는 존재이며 공부하는 존재이다.

"공부에는 기본이 중요하다."

이 말은 남녀노소를 막론하고 누구나 한 번 이상 들어봤을 이야기다. 그런데, 공부에만 기본이 중요할까? 공부와 별개인 것에 기본을 생각하지 않아도 될까? 그렇지 않다. 기본은 '필연적'이다. 반드시 있어야 한다. 필수 불가결한 요소이다. 그런데도 우리는 자주 이것을 잊는다. 기본의 필연성을 알면서도 기본을 고려하지 않고 산다.

"고통이 없으면 얻는 것도 없다."

저자가 신조로 삼는 명언이다. 이 명언에도 필연이라는 뜻을 내포하고 있다. 저자는 이 부분을 세상사의 기본이라고 생각한다. 따라서 앞의 문구를 다음처럼 바꾸어 표현할 수 있다.

"기본이 없으면 얻는 것도 없다."

3층짜리 건물과 30층짜리 건물은 크기와 규모 면에서 분명한 차이가 있다. 사람마다 가지고 있는 소망과 꿈의 크기도 이와 비슷하다. 어떤 이는 소박한 꿈을 꾸고, 어떤 이는 원대한 포부를 가지고 있다. 그렇다고 해서 소박한 꿈을 가진 이는 노력을 덜 하고, 원대한 꿈을 가진 이는 노력을 많이 해야 한다는 것이 아니다. 소박한 꿈을 가졌어도, 원대한 꿈을 가졌어도 모두 기본을 갖추어야 한다. 어떠한 건물도, 그것이 1층짜리 건물이라 할지라도 기초 공사는 반드시 있어야 하고, 이것은 철저히 지켜져야 한다.

3층짜리 건물도, 30층짜리 건물도 기본에 충실해야 한다. 기초 공사가 제대로 되지 않으면 건물은 견고해질 수 없다. 그뿐만이 아니다. 기초 공사가 부실하면 오래가지 않아 무너져 버린다. 그래서 기본은 중요하다. 우리가 소망을 이루고자 한다면, 그것이 소박할지라도, 혹은 원대한 포부일지라도 기본을 항상 갖추어야 한다. 온전한 건물을 짓고자 한다면 반드시 기본에 충실해야 한다. 그리고 기본은 곧 배움에서 출발한다. 배우지 않으면 기본을 알 수 없다. 앞으로 나아갈 수 없다.

수학과 영어 같은 공부를 말하는 것이 아니다. 무언가를 이루고 싶다면 이루고 싶은 분야에 대해서, 성취하고자 하는 목표에 대해서 배워야 한다. 무엇을 준비해야 하는지, 무엇을 어떤 방법으로 어떻게 해나가야 하는지에 관해 알아야 한다. 운동선수가 탁월한 실력을 쌓고자 한다면 체계적인 훈련법으로 운동기술을 몸에 익혀야 한다. 음악가가 탁월하게 연주하길 원한다면 배워 익혀야 한다. 사업가가 탁월하게 경영하고자 한다면 이 또한 경영을 배워야 한다.

그런데 종종 우리는 배움에 관해 자신의 영역이 아닌 것으로 여긴다. 배움은 다른 사람의 과제이고 나와는 상관없는 것이라고 간주한다. 전혀 그렇지 않다. 3층짜리 건물도 30층짜리 건물도 기초 공사는 필요하며 이것은 튼튼한 건물을 짓기 위한 필연의 과정이다.

이제 우리는 배움의 법칙을 따라야 한다. 그리고 기본에 충실해야 한다.

② 교집합의 법칙

우리가 사는 사회에는 법칙이 존재한다. 이것은 각기 다른 모습으로 각기 다른 영역에서 존재한다. 예컨대, 운동 분야에서는 운동을 잘하기 위한 나름의 법칙이 있다. 음악에도 음악을 잘하기 위한 나름의 법칙이 있다. 그런데 이런 각기 다른 모습의 법칙에도 공통으로 발견되는 것이 있다. 운동선수이거나, 음악가이거나, 사업가를 막론하고 그들에게서 찾을 수 있는 공통분모가 있다. 저자는 이것을 '교집합의 법칙'이라 부른다.

탁월함을 보이는 사람들은 어릴 때부터 천재로 태어나서 그런 것일까? 높은 지능 지수를 가지고 있어서 그런 것일까? 만약, 이 말이 맞다면 탁월한 사람은 모두가 높은 지능 지수를 가지고 있어야 한다. 탁월함과 지능 지수가 어느 정도 일치되는 부분이 있을 수 있다. 그러나 그것이 꼭 상관관계가 있다고는 말할 수 없다.

지능 지수도 변하기 때문이다. 어릴 때의 지능 지수가 성인이 되어서 달라지는 사람을 주위에서 흔히 본다. 그렇기에 탁월한 사람이 천재로 태어나서 그렇다고 말할 수 없다. 그렇다면 왜, 그들은 사회의 각 영역에서 탁월함을 나타내고 있는 것일까?

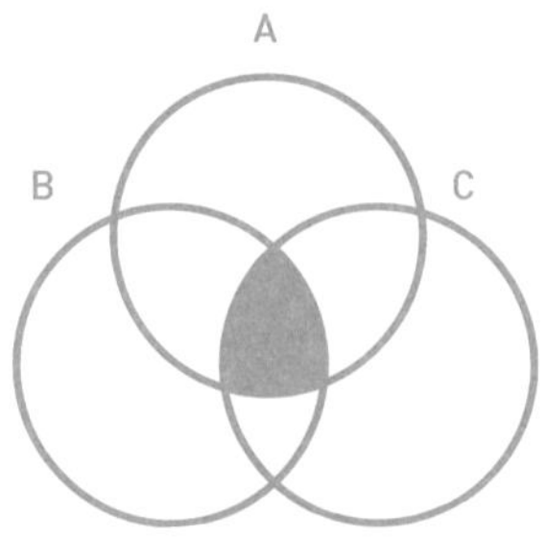

그것은 그들의 공통분모에서 찾을 수 있다. 가령, 프로와 아마추

어를 비교하면 무엇이 다른지를 쉽게 발견할 수 있다. 무엇이 다른지를 금방 확인할 수 있다는 것은 탁월함을 나타내는 사람, 우리가 흔히 '저 사람은 뛰어나다'라고 생각하는 사람에게는 그들을 그렇게 만들도록 한 원인이 존재한다는 것이다.

절대적인 법칙이나 원리는 아니지만, 특별하고 부인할 수 없는 사실인 것은 분명하다. 그림에서 보듯이 A, B, C의 영역에는 서로가 중첩되는 부분과 중첩되지 않는 부분이 존재한다. 이렇듯, 각 사람은 개별 영역이면서 다른 사람과 공유하는 어떠한 것을 가지고 있다. 가령, 공부 잘하는 학생을 자세히 관찰하면 각기 공부 방법과 스타일이 다르다는 것을 찾아볼 수 있다. 반면에 그들 모두에게 있는 특별한 공통 모습이 있다.

만약 내가 공부를 잘하는 부류의 사람이 되고자 한다면 그들의 공통 모습에 해당하는 요소를 갖추어야 한다. 성공의 원리도 마찬가지이다. 어떠한 영역과 분야에서 탁월한 성취를 이룬 사람의 면면에는 같은 듯 다르게 보이고, 다른 듯 같아 보이는 모습이 있다. 우리가 주목해야 할 것은 바로 이 부분이다. 다른 듯 같아 보이는 모습, 그것이 성공의 키워드이기 때문이다.

③ 자연의 법칙

자연을 관찰하다 보면 인간의 삶에 적용할 수 있는 수만 가지 원리가 있음을 발견할 수 있다. 아침이 오면 오후가 되고 시간이 지나서 밤이 찾아오는 것. 뜨거울 때가 있고 차가울 때가 있는 것. 평온한 날씨가 있는가 하면 폭풍우가 몰아치는 시간이 있는 것. 오랜 숙성과정을 거쳐 열매를 맺는 것. 때마다 아름다움과 그렇지 못한 모습을 나타내는 것 등. 우리가 관찰할 수 있는 자연은 헤아릴 수 없이 많은 모습을 보이고 있다.

인간은 본래 이러한 자연의 한 부분으로 태어났다. 자연에서 인간은 시작했다. 우리가 태어난 환경 자체가 근본적으로 자연이다. 그렇기에 인간의 삶을 이해하고자 한다면 학문적으로 공부하고 탐구하는 것 말고도 자연을 깊이 들여다보면 알 수 있다. 자연의 법칙과 모습은 곧 자연이 주는 메시지이자, 세상을 움직이는 원칙이기 때문이다.

지금의 때가 지속적인 어려움이 있고 한 치 앞을 내다볼 수 없을 정도로 힘겨울 때도 자연은 이렇게 말한다.

"넘어질 때가 있고, 일어설 때가 있다."

매서운 한파가 몰아치는 겨울이 지나가면 따사로운 햇볕과 향긋한 꽃내음이 찾아온다. 자연을 관찰해야 할 이유는 자연 그 자체가 지식과 지혜의 원천이기 때문이다. 우리가 배우는 모든 학문의 지혜와 과학기술은 자연을 깊이 연구해서 나온 결과물이다. 자연의 범주를 벗어난 인간은 존재하지 않는다. 그렇기에 사람은 자연의 법칙을 배워야 한다.

삶의 순간순간마다 자연을 관찰하는 것을 지속해야 한다.

10. 변화의 시작, 내면의 억압에서 벗어나기

사람들은 변화에 관해 생각할 때, 지우고 다시 쓰는 것으로 생각한다. 그러나 실상, 지우고 다시 쓰는 것으로 변화는 찾아오지 않는다. 변화는 이전 것을 가져오는 데서 시작하지 않는다. 이전의 종이에 지우고 다시 쓴다고 하여도 옛것의 흔적으로 다시 돌아가게 하는 것이 변화가 가진 속성이다.

이전의 것으로 돌아가게 하는 것을 없애야 한다. 그것은 잘못된 습관에서 비롯된 것일 수 있다. 혹은 나를 곪게 하였던 상처들일 수 있다. 그러나 그것이 어떠하든 우리가 변화를 원한다면 이전의 것을 생각하고, 이전의 것으로 다시 돌아가게 하는 것으로부터 자유로워져야 한다.

자유의 반대는 억압이다. 이 억압은 누군가로부터 혹은 어떤 상황으로부터 발생할 수도 있지만, 가장 큰 억압은 스스로가 만드는 억압이다. 외부의 억압에서는 비교적 쉽게 자유로워질 수 있다. 물론, 시간이 오래 걸릴 수는 있다. 중요한 것은 외부로부터의 억압을 벗어나는 것은 비교적 가능하다는 사실이다.

문제는 스스로가 만드는 내부의 억압이다. 내면의 억압에서 벗어나지 못하면 변화를 기대할 수 없다. 성공하는 법칙을 안다 해도 이러한 자기 억압이 변화를 향한 발걸음을 내딛지 못하도록 가로막는다.

『신경 끄기의 기술』[10]에서는 살면서 신경 쓰지 않아도 되는 것

---

10 마크 맨슨. 『신경 끄기의 기술』. 갤리온. 2017. p29.

에 관해 신경 스위치를 끄고 우리가 집중하고 주목해야 할 것에 주목하라고 한다. 그런데, 이러한 것이 쉽게 되는가? 알게 되었다고 바로 시행한다면 누구라도 성공의 문턱에 쉽게 도달할 것이다.

변화의 준비 운동

사람은 삶의 실패 원인을 한 가지로 요약하려는 습성이 있다. 실력이 부족해서? 아니면 습관이 안 되어서? 실천력이 부족하고 의지가 없어서? 그러나 실패하는 원인의 핵심은 한두 가지로 요약할 수 없다. 삶의 모습이 어떻게 형성되었는지 떠올려 보자. 여러 가지 복합적인 요소의 결과물이 곧 삶의 결과로 나타난다. 그런데, 어떻게 삶의 실패 원인을 한두 가지 요소에 둘 수 있겠는가? 한두 가지 요소로 성공에 이르는 것도 아니거니와 한두 가지 요소로 실패하는 것도 아님을 항상 인지해야 한다.

대개 시작은 자신에 대한 인지 부조화에서 비롯된다.

우리는 자주 자신을 과소평가하거나 과대평가하는 경향이 있다. 과대평가하는 사람은 긍정적으로 바라보고 낙관적으로 생각하는 것이 좋은 것 아니겠냐고 말한다. 칭찬은 고래도 춤추게 한다고 하지만, 변화를 가져오는 핵심 수단은 아니다. 과소평가 혹은 과대평가를 하는 것은 긍정적인 태도를 보이는 것과는 다른 이야기이다. 변화를 가져오는 핵심은 바로 자신이다. 이른바, 자신의 상태를 올바로 인지하고 변화를 위한 준비 운동을 하는 것이 필요하다.

과격한 운동을 하기에 앞서 우리는 준비 운동을 해야 한다는 것을 안다. 그런데, 눈에 보이지 않는 변화의 여정 앞에서 대다수의 사람은 이러한 준비를 하지 않는다. 준비 운동을 하는 이유는 운동을 제대로 하기 위하여 몸 상태를 만들어 주기 위함이다. 몸을 풀어주지 않을 때 다칠 수 있는 위험도 미리 방지하기 위해서이다.

변화의 과정도 바로 이와 같다. 변화를 원한다면 변화를 위해 워밍업해야 한다. 그리고 이러한 준비는 단지 마음가짐을 의미하는 것이 아니다. 좋은 마음가짐은 필요한 요소이나 중요한 수단은 아니다. 변화를 위한 준비에서 중요한 것은 변화를 위한 몸 상태를 만드는 것이다. 그러기 위해서 성장과 성숙의 과정을 반드시 동반해야 한다. 현재의 상태는 1단계인데 10단계 도약을 바란다고 해서 10단계로 갈 수 있지는 않다. 모든 변화의 처음은 올바른 인지와 냉철한 인정에서 시작한다. 그래야 내면의 억압에서 벗어날 수 있고 변화를 시작할 수 있다.

11. 변화는 피라미드와 같다.

변화는 형태가 달라지는 차원을 넘어서 더 높은 단계로의 도약을 의미한다. 이를테면 피라미드의 하층에서 상층으로 올라서는 것이다.

피라미드를 쌓을 때 가장 힘들었던 것은 무엇일까? 그것은 하층부를 만드는 일이다. 다른 표현으로는 '기초 닦기' 혹은 '기초 쌓기'

라고 표현할 수 있다. 공부의 영역에서든, 인생의 다른 영역에서든, 변화의 과정에서 가장 중요한 것은 첫 출발이며 이것이 바로 기초 단계이다.

많은 사람이 기초의 중요성을 안다고 하면서도 이를 등한시하는 모습을 보인다. 왜 그럴까? 기초 쌓기는 오래 걸리기 때문이다. 힘들기 때문이다. 그러나 본질은 원래 쉽게 찾아오거나 발견되지 않는다. 본질은 그것을 찾기 위한 무던한 노력과 몸부림이 있어야 보이기 시작한다. 기초 다지기가 어려운 이유는 그것이 본질의 첫 걸음이기 때문에 그렇다.

그러나 명심하자. 기초를 잘 닦아놓으면 그다음 단계로 가는 것은 점차 수월하다. 그래서 변화의 과정에는 인내가 필요하고, 열정이 필요하고, 노력이 필요하고, 각종 수단이 필요하다. 하나의 핵심 요소를 갖추었다 하여 변화가 이루어지는 것이 아니다. 여러 가지 요소를 갖추어야 하고 모든 요소가 유기적으로 연결되어야 하며 이것들이 제 기능을 발휘할 때 비로소 변화가 이루어진다.

변화는 우리를 나아가게 한다

자전거를 타는 사람이라면 핸들을 자주 틀어주어야 자전거가 쓰러지지 않는다는 것을 안다. 핸들을 고정하면 자전거는 앞으로 나아가지 못하고 옆으로 넘어진다. 이것이 바로 변화의 필요성을 잘 나타내 주는 예이다.

변화는 선택이 아니라 필수이다. 변화는 지금도 우리 주위에서 수시로 일어난다. 그리고 우리는 이러한 변화에 적응하거나 자신을 바꾸어야 한다. 변화에 반응하는 일 자체가 변화에 대응하는 것이다. 그래서 변화는 자연적이며 선택사항이 아니다. 우리는 필연적인 변화의 여정 앞에서 어떻게 변화할 것인가를 결정해야 한다.

태어날 때부터 우리는 변화를 맞이하며 살고 매 순간 변화를 경험하며 변화하고 있다. 어제의 하루와 오늘의 하루가 결단코 똑같을 수 없다. 어제가 있어서 오늘이 있고, 어제와 오늘이 있어서 내일이 있다.

어제와 오늘이 있다는 것은 과거와 다른 하루가 진행되고 있다는 것이다. 내일이 오기를 바라지 않는다고 해서 내일이 더디게 오지는 않는다. 변화는 그렇게 우리에게 찾아온다. 그것이 소망이라는 이름으로 찾아올 수 있고, 낙심이라는 이름으로 찾아올 수도 있다. 중요한 것은 변화를 받아들이는 우리의 태도이다.

변화를 대하는 나의 태도

어떠한 변화이든, 그것이 내면의 변화이든 외적인 변화이든 현실을 인정하는 데서 변화는 시작된다. 현실을 바라보는 태도와 현실을 인정하는 것은 다른 차원의 문제이다. 현실을 긍정적으로 바라보든 부정적으로 바라보든 현재 일어난 현실을 인정한다는 것은 현재 나의 위치, 모습을 인식한다는 것이다. 나의 출발지를 알아야 목표지점을 향해 갈 수 있다.

현실을 바르게 인식한다면 변화의 본질 속으로 들어갈 준비가 된 것이다. 변화의 본질을 알면, 본질을 이해하기 시작하면 문제들이 보인다. 본질을 이해했다고 해서 문제가 풀리는 것은 아니지만,

문제를 보기 시작하는 데서 희망의 실타래를 풀 수 있다.

변화는 내면의 강화를 통해 이루어진다. 역사적으로 보면 내면의 힘이 강한 사람이 변화를 주도했음을 알 수 있다. 단지 힘이 세다고 해서 변화를 끌어내는 것이 아니다. 내면의 힘이 강해야 외적인 변화를 끌어낼 수 있다. 그렇다면 내면의 힘은 어떻게 강화할 수 있을까?

변화에는 어려움이 따른다

저자가 학생들을 가르치던 경험에 따르면, 변화되지 않는 학생은 성적이 제자리에 멈추어 있거나 혹은 하락하는 것을 볼 수 있었다. 변화를 원한다고 해서 변화가 쉽게 찾아오지는 않는 탓이다. 변화에는 항상 어려움이 따른다. 그리고 그것은 대가 지급의 형태로 나타난다. 변화 과정이 쉽지 않은 것은 변화가 지닌 가치가 그만한 대가 지급을 원하기 때문이다.

줄탁동시(啐啄同時)라는 말이 있다. 병아리가 알을 깨고 나올 때 안에서 껍질을 쪼는데 이를 '줄'이라 하고, 이 소리를 들은 어미 닭이 밖에서 껍질을 쪼아주는 것을 '탁'이라 한다. 병아리는 달걀 껍질을 깰 정도가 될 때까지 알 속에서 힘을 길러야 한다. 병아리가 부화하는 과정에서 알을 깨고 나오는 것은 병아리가 세상을 살아가기 위해 쏟아야 할 힘을 기르기 위해서다. 그 과정이 힘겨워 보이고 안쓰러워 보일 수 있겠지만, 이러한 과정 없이 쉽게 깨고 나오면 그만큼 병아리는 세상을 버틸 힘이 부족하여 쉽게 죽는다.

변화의 과정은 바로 이러한 과정과 같다. 힘을 길러야 한다. 그러기 위해서 고통스럽고, 힘들고, 어려운 시간을 통과해야 한다. 그래야 원하는 변화를 이루어 낼 수 있다. 명심하자, 대가 지급이 없는 변화는 오래가지 못하고 금방 제자리로 돌아간다.

본래 가치가 있는 것은 쉽게 이루어지지 않는다. 사람이든 도구든 단련의 시간을 거치고 나면 더 강해진다. 변화의 과정도 바로 이와 같다. 단련이 있어야 제대로 된 변화를 이룰 수 있다. 변화에 관련된 책을 읽는다고 해서 변화가 찾아오는 것이 아니다. 알게 된 변화의 과정이 내 몸에서 일어날 수 있도록 단련시키는 과정이 필요하다.

고통 없이 무언가 얻는 것을 기대하지 말자. 인내와 연단 없이는 열매와 소망을 이루지 못한다.

3장

채움의 씨앗 & 뿌리

01. 갈망이란 무엇인가?

세상에 완벽한 사람이란 존재하지 않는다. 완벽에 가까운 사람은 있을지언정 완벽한 사람은 있을 수 없다. 만약에 있다면, 그는 사람이란 존재가 아닐 것이다. 그렇다면 완벽주의자는 어떠한 사람들일까?

흔히, 완벽주의자는 완벽함을 추구하는 사람이다. 부족함이 없기를 바라는 사람이다. 부족함을 느끼지 못하는 사람이 아니라, 부족한 것을 줄이고자 하는 사람이고 더 나아가서는 부족함을 쉽게 용납하지 않는 사람이다. 어떻게 보면 완벽주의자는 성공하기 위한 강점을 가진 사람처럼 보인다. 그러나, 전문가들은 완벽주의자란 완벽을 추구해서 완벽주의자가 아니고, 열등함을 감추기 위해 그것이 다른 모습으로 나타나는 것이 완벽주의자라고 한다.

저자도 오랜 세월을 완벽주의자로 살았다. 남들보다 더 잘하려 했고, 부족함이 없는 사람이길 바랬다. 노력을 게을리하지 않았다. 이것을 좋은 것으로 생각했다. 그러나 완벽주의자라는 말이 오히려 열등감의 표현이라는 연구 결과가 나오면서 혼란에 휩싸였다.

'나는 열등한 사람인가?'

우수한 사람이 있으면 열등한 사람도 있겠거니, 라고 생각할 수 있다. 그러나 우수한 모습만 가진 사람이 있을까? 열등한 모습만 가지고 있는 사람이 있을까? 내가 우수하다고 느끼고, 열등하다고 느끼는 이 모든 것은 누가 정해준 것일까?

어느 날, 몇 가지 질문이 나를 생각하게 했다.

'우수한 모습을 많이 가진 사람은 반드시 성공할까?'

'열등한 사람은 인생의 실패자인가?'

'성공을 바라는 사람은 우수해야 하는가?'

'열등한 사람이 성공하려면 무엇을 갖추어야 하는가?'

한 가지 확실한 것은 성공하기 위해서는 질문해야 한다. 질문한다는 것은 아직 내가 부족한 것이 있고, 부족함을 채워야 하는 사람이라는 것이다. 질문이 없는 사람은 발전도 없다. 답을 찾을 수 없다.

다시 돌아가서 "부족한 것이 없다"라고 말할 수 있는 사람이 세상에 얼마나 있을까? 물론 "부족한 것이 없다"라고 주장하는 사람이 있을 수는 있다. 그러나 그런 주장을 했다고 해서 부족함이 없이 살아간다는 것은 아니다. 자연은 완벽하지만, 인간 자체는 완벽한 존재가 아니기 때문이다.

물질적으로 부족함이 없겠으나 마음에 채워지지 않는 부분이 존재할 수 있다. 반대로, 마음에 풍요를 누리는 사람이 물질적으로 부족함을 느낄 수 있다. 정도가 차이가 있을 뿐 누구나 부족함이 있고 그것을 구체적으로 느끼는 사람이 있는가 하면 피상적으로 느끼는 사람도 있다.

부족함의 정도, 갈망의 정도

부족함의 정도는 때에 따라, 상황에 따라 다를 수 있다. 예컨대 비슷한 수준의 경제적 자산을 가졌다고 하더라도 상황에 따라 혹은 사람에 따라 느끼는 만족도가 다르게 나타날 수 있다. 그러나 부족함의 정도가 다르다고 해서 부족함이 없다는 말은 아니다. 사람은 누구나 갈망하는 것이 있다. 이러한 갈망을 '목마름'에 비유할 수 있는데, 부족함의 정도가 다르듯이 갈망의 정도도 사람마다 다르게 나타난다.

저자가 교육현장에서 일하고 있을 때의 일이다. 많은 학생이 수업을 들으러 저자에게 찾아왔다. 어떤 이유로 왔는지를 물어보면 하나같이 대답한다.

"공부를 잘하고 싶어요."

누가 정해준 대답도 아닌데, 대답하는 말은 항상 정해져 있다. 그러나 그들의 대답에서 저자는 다른 것을 발견한다. 가령, 어떤 학생에게서 간절한 소원으로 들리고, 어떤 학생은 '공부를 그다지 잘하고 싶지는 않지만, 수업은 듣고 싶어요'라는 의미로 들린다. 또한, 어떤 학생은 '저는 공부는 사실 잘하고 싶지 않고 관심도 없어요'라는 이야기로 들린다.

왜 이런 차이가 나는 것일까? 그것은 갈망하는 정도가 다르기 때문이다. 이렇게 갈망하는 정도가 차이가 나면, 갈망의 정도만큼 결과로 나타난다. 무슨 말인가 하면, 정말 공부를 잘하고 싶어서 수업을 들으려고 온 학생은 절실한 만큼 온 정신을 쏟아서 수업에 집중하고 설명을 놓치지 않으려 한다. 결국, 이러한 열심과 노력이 좋은 결과로 나타난다.

갈망은 이렇듯 중요하다. 우리가 무언가를 바란다고 생각하기 이전에 마음부터 채워야 한다. 그리고 마음을 채우기 위해서 갈망의 수준을 올려야 한다. 단지 소망하는 차원이 아니라 간절히 바라는 차원의 갈망으로 올려야 한다. 더 중요한 것은 많이 갈망해야 한다. 많이 갈망해야 채워지는 것이 많아지고, 변화되는 것이 많아진다. 열매 맺는 것이 달라진다.

사람들은 말한다.

"정말 갈망합니다."

"공부를 잘해서 좋은 대학에 가고, 좋은 직장에 취업하여 돈을 많이 벌어 성공하고 싶은데요?"

그런데, 이러한 고백에는 갈망의 정도가 보이게 마련이다. 바닥을 적시는 만큼의 갈망인지, 무릎까지 차오르는 높이의 갈망인지, 머리를 덮고도 남을 만큼의 갈망인지 학생의 말에서 갈망의 정도가 묻어 나온다.

채움을 시작하기 전에 우리는 먼저 갈망해야 한다.

갈망하지 않으면 쉽게 포기하기 때문이다.

갈망하지 않으면 오래가지 못하기 때문이다.

갈망하지 않으면 무너지기 때문이다.

갈망하지 않으면 상처를 입기 때문이다.

갈망하지 않으면 변화되지 않기 때문이다.

주위를 둘러보면 갈망의 중요성을 깨닫지 못하는 사람이 의외로 많다. 소망의 중요성은 알면서도 갈망의 중요성은 무시할 때가 많다. 그래서 쉽게 도전했다가, 쉽게 시작했다가 얼마 가지 못해서 포기한다.

저자 또한 지금까지 살면서 얼마나 많이 소망을 했는지 셀 수도 없다. 욕심이 많고 꿈이 많아서 그랬다고 하지만, 사실은 헛된 바람이었다. 갈망의 중요성을 모른 채, 안되는 이유를 다른 데서 찾았다. 환경을 탓하고 사람을 탓했다. 환경이 중요하지 않았다는 말이 아니다. (환경도 중요하다. 그러나 우리 인생에 환경이 주는 영향보다는 마음이 주는 영향이 절대적으로 많다.) 안되는 이유를 환경 탓, 사람 탓으로 돌리는 경우가 많았다.

공부에 대한 갈망이 있으면 갈망하는 만큼 표출해야 한다. 표출하지 않으면 아직 덜 갈망하는 것에 불과하다. 이제는 핑계를 멈추어야 한다. 부모님 탓으로 돌리고, 형제 탓으로 돌리고, 환경 탓으로 돌리는 것을 그만두어야 한다. 그리고 자신의 내면을 돌아봐야 한다. 얼마나 갈망하고 있는지 다시 점검하면서 자신을 반성하며 살펴봐야 한다. 변화를 원한다고 하면서 정작 자신은 변화의 갈망이 마음에서 일어나지 않았다면 이는 방향을 잘 못 잡은 것이다.

세상은 쉽게 변하지 않는다. 환경도, 사람도 마찬가지이다. 무슨 말인가 하면 세상을 탓하지 말고, 환경을 탓하지 말고, 사람을 탓하지 말라는 말이다. 탓은 자신의 나약함을 감추려는 수단일 뿐이다. 이제 우리는 우선순위를 바꾸어야 한다. 잘못된 우선순위를 바로 잡아야 한다. 시작부터 잘 못 끼운 단추는 다음의 과정에도 영향을 미친다.

나의 갈망부터 다시 시작해야 한다

아직 덜 갈망하고 있다면 더 갈망해야 한다. 그래야 시작된다. 국가대표를 꿈꾸고 올림픽에서 금메달을 목표로 하는 선수가 있다고 생각해보자. 그리고 운동을 취미로 즐기는 사람이 있다. 두 사람이 같은 종목의 운동을 한다고 가성했을 때, 나타나는 반응의 차이는 어떨까? 다른 것을 발견한다면 무엇을 발견할 수 있을까?

바로 갈망이다. 국가대표를 향한 갈망, 금메달을 향한 갈망이 가슴속에 타오르는 사람은 한시도 운동을 게을리할 수 없다. 반면에 운동을 즐기는 차원에서 하는 사람은 어느 시점에서인가 운동을 멈춘다. 이러한 차이가 나타나는 이유는 간단하다. 국가대표를 꿈꾸는 사람에게 하루하루는 금메달을 향한 준비의 시간이기 때문이다.

별명이 '에어 조던'이라고 불리는 선수의 이야기를 들은 적이 있다. 저자는 조던의 경기를 보면서 '저 선수는 정말 천재구나. 탁월한 감각과 재능이 있구나'라고 느꼈다. 그러던 어느 날, 그의 탁월한 실력 이면에는 엄청난 노력이 있었다는 것을 알았다. 그의 노력은 엄청난 갈망에서 비롯된 것이었다. 주전이 되고자 하는 갈망이 있었고, 꿈의 무대에서 훌륭한 실력을 발휘하는 선수이길 바라는 갈망이 있었다. 그래서 노력할 수 있었다. 연습 시간이 끝난 후에도 그는 혼자 남아서 끊임없이 연습하고 또 연습했다. 그리고 지금은 세계인에게 농구 황제라 불리며 신화 같은 선수로 알려져 있다.

갈망은 반드시 있어야 한다. 꿈꾸는 자에게는 갈망이 필요하다. 공부를 잘하고 싶고, 성공하고 싶고, 행복한 삶을 바란다면 갈망해야 한다. 그리고 이러한 갈망이 생기면 갈망이 이끄는 파도에 몸을 맡겨야 한다. 이후부터 갈망이 삶을 이끈다. 갈망이 생기면 노력을 끌어준다. 타지 못했던 파도를 타게 한다. 이전에는 두려워서 포기했고, 어려워서 포기했던 순간을 넘게 만들어 준다.

성공한 사람의 이야기에는 소중한 교훈이 있다. 사람들은 그들의 노하우를 듣고자 하고 어떤 방법적인 것을 알고자 한다. 그러나 가장 중요한 것은 그들 안에 감추어진 마음이다. 그들에게는 갈망이 있었기에 행동하고, 노력하고, 포기하지 않고 달려갈 수 있었다.

갈망은 꿈이 아니다. 갈망은 노력과도 다르다. 갈망은 배울 수 있는 것이 아니다. 갈망은 내면에서 움직인다. 갈망은 내면의 진실한 외침이다. 이러한 갈망이 있을 때 변화는 시작된다. 무엇을 해야 할지가 보이고, 무엇을 버려야 할지, 무엇을 바꾸어야 할지, 무엇을 하지 말아야 할지가 보인다. 갈망이 생기면 자연스레 노력한다. 갈망은 이렇듯 중요하다.

그러나 갈망을 가슴에 품기란 쉬운 일이 아니다. 그럼에도 우리는 명심해야 한다. 갈망하지 않으면 시작이 되지 않는다는 것을. 갈망하지 않으면 성공에 도달할 수도 없다는 것을. 갈망이 어렵다고 느껴지는가? 그렇다면 현재 소망하는 마음을 키워야 한다.

어떻게 키울 수 있을까? 일단, 소망하는 것에 초점을 맞춘다. 그런 다음에 자신이 무엇을 원하는지를 계속해서 되뇐다. 24시간, 주어진 하루 동안에 계속해서 생각하고 또 생각해야 한다. 중요한 것은 다른 사람의 갈망이 아닌 나의 갈망이어야 한다. 다른 사람의 갈망이 아니라 나의 갈망을 가져야 한다. 다른 사람의 꿈과 목표가 아닌, 나의 꿈과 목표를 가져야 한다. 나의 갈망이 생기면 비로소 성공한 사람의 강의가 생생하게 들려오기 시작한다. 책의 내용이 내 것이 되기 시작한다. 이전에 느끼지 못했고 이전에 듣지 못했던 내용이 들려온다. 진정한 깨달음이 눈 앞에 펼쳐진다.

① 갈망은 무언가에 미치는 것이다

미치지 않고서야 어렵고, 힘들고, 괴로운 시간을 보내는 것은 불가능하다. 성공? 그것은 일종의 도전과도 같다. 그 과정이 어렵고 힘들고 괴로운 것이라는 것을 알지만, 이후에 찾아오는 기쁨을 위해 버틸 수 있어야 한다. 그래야 성공이 찾아온다.

학생들에게 공부를 가르치다 보면 각기 다른 양상이 나타나는 것을 볼 수 있다. 유심히 들여다보면 학생마다 공부를 대하는 태도에서부터 공부에 대한 갈망의 정도가 다르다. 학창 시절을 떠올려 보자. 공부하는 것이 괴로운 시간이었는지? 아니면 쉬운 과정이었는지? 흔히 사람들이 느끼는 공부는 고통스러운 시간이다. 많은 시간을 투자해야 했고, 자신과 싸움에서 이겨야 했다. 그래야 좋은 성적을 얻을 수 있고, 열매가 맺어졌다.

간혹 사람들은, 공부를 잘하거나 성공한 사람은 어느 정도는 수월하게 목표를 이루었을 것으로 생각하는 경향이 있다. 그러나 과연 그럴까?

저자의 고등학교 3학년 시절 경험이다. 학급 친구 중에 전교 일등을 놓치지 않는 친구가 있었다. 겉으로 보기에 그는 매우 수월하게 1등을 하는 듯 보였다. 그러나 실상, 그는 매우 열심히 몰입했고 노력을 게을리하지 않았다. 그리하여 후에 서울대학교 치의과대학에 입학했다. 단지 머리가 좋아서 혹은 집중력이 좋아서 좋은 성적을 거둔 것이 아니었다. 그는 자신과 싸움에서 이기는 법을 알았다. 자신을 어떻게 조절해야 하는지, 자신을 어디로 어떻게 이끌어야 하는지 알았다.

많은 사람이 성공 법칙을 알기 원하고 목표한 바를 이루는 법을 알고 싶어 한다. 저자도 성공하기를 원했고 목표한 바를 성취하기를 원했다. 그래서 많은 책을 찾아서 보며 많은 강의을 들었다. 그러나 정작 중요한 것을 놓쳐버리는 실수를 범하고 말았다. 그것은 자신과 싸움이다. 생각해보면 성공한 사람, 어떠한 목표를 이룬 사람은 자신과의 싸움에서 이긴 승자였다는 사실을 간과한 것이다.

이미 우리는 이러한 이야기를 많이 들어왔다. 그리고 들으면서도 한쪽으로는 귀담아듣지 않고 흘려버렸다. 알면서 회피했다. 학창 시절을 지나 성인이 되었다고 해서 이러한 원리가 바뀌었을까? 모습이 다르고 환경이 바뀌었지만, 기본 바탕은 똑같다는 것을 기억하자. 우리는 고통스러운 과정을 지나야 한다. 그래야 단련될 수 있고, 단련되어야 비로소 단단한 사람이 된다. 마음이 단단한 사람이 되면 환경에 쉽게 흔들리지 않는다. 그리고 이 과정에는 훈련 시간을 가져야 한다.

고통을 견디는 훈련, 고통을 이기는 훈련, 자신과 싸움에서 승리하는 훈련. 이 모든 훈련을 거치면 성장과 성숙이 일어나고 변화가 찾아온다. 할리우드에서 미술 총감독으로 일하는 한유정 씨의 세바시 강연 내용 중 일부이다.

누가 옆에서 아무런 말을 안 해도 혼자 알아서 밤을 새우게 돼요. 그런 날이면 몸은 피곤해 죽겠는데 너무너무 행복한 거예요. 제가 할리우드에서 여러 사람하고 일을 해봤는데요. 그중에서 여러 가지 배경을 가지고 있는 사람들이 있습니다. 어떤 사람은 원양어선을 타다가 온 사람도 있고요. 어떤 사람은 뉴욕에서 경찰관으로 재직하다가 갑자기 미술부로 들어온 사람도 있어요. 그중, 저랑 제일 친한 친구가 할리우드 페인터인데, 이 친구가 저한테 자기가 어떻게 할리우드에서 일하게 됐는지 얘기를 해주었습니다.

이 사람은 18살에 자기가 아무런 학력도 없고 연고지도 없는데, 할리우드에서 너무 일하고 싶었대요. 그래서 선택한 방법이 뭐였냐면 파라마운트사 앞에 가서 그냥 서 있는 거예요. 매일 출근 도장 찍으면서 똑같은 자리에 똑같이 서 있었대요. 근데 계속 똑같은 자리에 똑같이 서 있다 보니까 이 사람하고도 얘기하고, 저 사람하고도 얘기하고 이러다 보니까 어느 날, 아주 조그만 기회가 이 친구한테 주어진 거예요. 그 조그만 기회를 잡아서 지금 32년째 할리우드에서 굉장히 유명한 페인터로 일하고 있습니다. 뭔가 기회를 잡는다는 것. 또 거기서 경험을 쌓는다는 것. 내가 원하는 분야의 전문가가 된다는 것은 이렇게 직접 몸으로 부딪쳤을 때만 가능한 일입니다. 근데 제가 디지털 세대, 젊은 세대들한테 조금 아쉬운 점은 인터넷이 너무 발달한 세상에서 살다 보니까 인터넷에서 자신이 원하는 정보를 다 얻어요. 내가 관심 있는 분야까지도 그걸로 먼저 검색을 합니다. 그러다 보니 간접경험을 굉장히 많이 하게 되는데 어느 순간, 이 간접경험이 쌓이면 이게 마치 내가 이걸 경험한 듯한 그렇게 착각을 하는 순간이 와요. 이러다 보면 지레 겁먹고선 "나는 이거 포기해야겠다." 포기할 수도 있고 아니면, "여긴 나랑 맞아, 안 맞아." 직접 해보지도 않았는데 간접경험으로 자기의 적성 테스트까지 다 끝내곤 합니다.

근데 내가 뭔가 좋아하는 일을 도전한다는 건요, '야, 너 미쳤냐'라는 소리를 들을 정도로 무모할 때도 있고 부딪히고 깨지고 피가 터져서 '야! 이 미친놈아 그만 좀 해라'라는 소리 들으면서도 너무 좋아서, 너무 행복해서 '난 이걸 계속하고 싶다'라는 그런 것입니다. 여러분도 오늘부터 뭔가 좋아하는 일에 미쳐보셨으면 좋겠습니다.

무언가에 미친다는 것을 특정 사람에게만 치부되는 것으로 생각하는 사람이 있다. 그러나 갈망이 있는 사람은 무언가에 미쳐야 하고, 몸으로 부딪치고, 피가 나는 순간에도 감내해야 한다.

사람이라면 누구에게나 무언가에 미칠 수 있는 잠재력이 있다. 자신의 잠재력을 과소평가하는 것에서 벗어나면, 자신도 모르는 순간에 엄청난 능력을 발휘하여 예상치 못한 인생의 방향으로 전환이 이루어진다. 흔히, "저 사람 성공했네!"라는 말을 듣는 사람이 꽤 많이 있음을 기억하자. 성공은 어떤 사람의 전유물이 아니라, 원하는 모두의 전유물이 될 수 있다. 다만, 그 과정이 고통스럽고 힘들지라도 가고자 하는 사람에게는 말이다.

② 갈망의 다른 이름은 '불씨'다

기적을 만드는 데 천재적인 능력이 필요한 건 아니다. 큰 성공을 위해서는 반드시 대운이 따라야 하는데, 중요한 건 누구보다 큰 열정을 갖고 성공을 위해 철저히 준비하는 사람만이 그 운을 잡을 수 있다는 사실이다. 이 말은 곧 지금 어떤 출발선에 있더라도 지혜롭고 현명하게 움직인다면 행운의 여신을 내 편으로 만들 수 있다.

밑바닥에 있더라도 누구에게나 한 톨의 불씨는 이미 가슴속에 주어져 있게 마련이다. 그 불씨는 생명의 불씨이며, 살아있다는 사실만으로도 누구나 그 불씨 하나를 가진 셈이다. 다만, 그 불씨를 만들어낼 부싯돌은 사람마다 다를 수 있다.[1]

『파리에서 도시락을 파는 여자』의 켈리 최 회장은 그야말로 파란만장한 인생을 경험한 사람이다. 그녀는 여러 번의 사업 실패를 경험했으나 더 나은 삶을 향한 여정을 포기하지 않았다. 그것이 가능했던 원인은 무엇일까? 그것은 그녀의 가슴속에 '불씨'가 있었기 때문이다. 그녀의 말에 따르면 누구나 한 톨의 불씨는 가슴속에 있다. 다만, 그 불씨를 만들어 낼 부싯돌은 사람마다 다를 수도 있다.

고생하는 엄마를 떠올리는 것.

오랜 기간 열등감에서 벗어나고자 하는 자아의 외침.

성공을 향한 간절한 바람.

관계의 회복을 위한 소망.

더 나은 삶을 살고자 하는 갈망.

우리는 모두 불씨를 키워낼 부싯돌을 가지고 있다. 그것은 고생하는 가족일 수도, 열등감에 사로잡힌 자신일 수도, 성공을 향한 갈망일 수도 있다. 중요한 것은 우리가 변화를 바라고, 성공하기를 바란다면 이러한 부싯돌이 있어야 한다. 부싯돌이 있어야 우리 삶에 변화를 가져다줄 불씨를 키울 수 있다. 우리는 불씨를 키워야 한다.

---

1. 켈리 최. 『파리에서 도시락을 파는 여자』. 다산북스. 2017. p8-9.

변화는 작은 불씨에서 시작한다.

돈, 나이, 성별, 학력 때문에 무언가를 시도할 수 없다고 생각하는 많은 사람이 마음속에 남아 있는 그 사람을 떠올리며 자신만의 불씨에 생명을 불어넣길 바란다.[2]

자기 스스로가 자신에게 힘이 되어 주지 못할망정 자신을 외면하는 모습이 있다면 이제는 바꾸어야 한다. 모순된 삶에서 이제는 뛰쳐나와야 한다. 그리하여 마음속의 외침을 따라 걸음을 내디뎌야 한다. 우리 내면에 숨어 있는 불씨 하나를 꺼내어 보자. 불씨 하나가 가져다줄 미래는 현재의 내가 바라는 삶이 될 수 있다.

처음부터 활활 타오르는 장작불을 가져오려고 해서는 안 된다. 장작불도 불씨 하나에서 시작하는 것이다. 이러한 불씨는 모두에게 있다. 다만 누군가는 불씨를 꺼내서 장작불을 만들고, 누군가는 아직 불씨를 꺼내지 못한 차이가 있을 뿐이다.

일전에 EBS에서 「공부의 왕도」라는 프로그램을 방영한 적이 있다. 성적 최상위 학생이 등장하여 공부하는 과정을 보여주며 시청자에게 자극을 주고자 했던 프로그램이다. 저자는 이 프로그램을 즐겨 보았다. 이 프로그램에 등장하는 주인공 학생 대다수가 어릴 때부터 공부를 잘한 학생이 아니었다는 점에 주목했다. 그중, 한 학생의 이야기이다.

---

2. 위의 책 p9.

성적 최하위권에 있던 학생에게 어느 날 변화의 계기가 찾아온다. 학업을 마치고 보통은 학교에 남아 자율학습하는 시간에 학생은 자율학습을 하지 않고 학교를 빠져나와 집으로 향한다. 그리고 집으로 향하던 중에 밭에서 땀 흘리며 일하는 어머니를 보았다. 흔히 보던 광경임에도 불구하고 이날 학생에게는 뜻하지 않은 울림이 찾아온다. 가슴에 복받치는 떨림이고, 슬픔이기도 한 감정 말이다. 이윽고 집에 도착한 학생은 방구석에 앉아서 좀 전에 보았던 어머니를 계속해서 떠올린다. 불씨가 찾아온 것이다.

마냥 철부지 어린애처럼 행동했던 자신을 돌아보며 그런 자신을 위해 땀 흘리는 어머니를 생각하며 눈시울을 붉힌다. 이날 이후, 학생은 전혀 다른 사람이 되어 공부에 매진한다. 그리고 놀라운 변화가 찾아온다. 반 성적이 오르기 시작하더니, 불과 두 학기 만에 전교 1등을 차지했다.

이쯤이면 사람들은 반신반의하기 마련이다. 애초부터 공부를 잘했던 학생은 아니었는지, 기본 학습량이 있었으니까 가능한 이야기이지 않았겠냐고 의문을 갖는다. 그러나, 막상 밝혀진 이 학생의 과거 모습은 철부지 학생에 불과했다. 그렇다면 어떻게 해서 이런 급격한 변화가 찾아오게 된 것일까?

작은 불씨 하나가 변화를 가져왔기 때문이다. 그리고 이것은 모두에게 일어날 수 있는 일이다. 우리는 불씨 하나만 키우면 된다. 불씨 하나만 키우면 삶은 급격한 변화를 시작할 수 있다. 우리 모두에게는 잠재력이 있고 가능성이 있다. 천재나 영재이어야만 가능한 이야기가 아니다. 천재나 영재가 아니어도 평범한 사람이어도 다 해당하는 이야기이다. 주위를 둘러보자. 대단한 사람이 성공하는 것이 아니란 것을 쉽게 알 수 있다. 나영석 피디[3]는 방송에서 이런 말을 했다.

"옛날에는 대단한 사람이 대단해 보였거든요? 근데 요즘은 오랫동안 꾸준한 사람이 너무너무 대단해 보이는 거예요."

성공한 사람들은 말한다. 삶을 살아내는 사람이 대단한 것이라고.

02. 우리 삶을 지배하는 불편한 진실, 착각 벗어나기

많은 사람이, 어쩌면 모든 사람이 자신은 착각하지 않으면서 산다고 생각한다. 그런데, 그것조차도 착각이라면? 한양대학교 지식교육학과 유영만 교수는 강연에서 다음과 같은 질문을 던졌다.

"생각하는 사람 로뎅을 잘 아는 사람은 손들어 보세요"

강연을 듣고 있던 대다수 사람이 손을 들었다. 손 든 것을 확인한 유영만 교수는 다음의 미션을 청중에게 주었다.

"자, 이제 로뎅과 같은 자세를 취하여 보세요."

---

3. 대한민국의 예능 PD. 나영석(1976~). CJ ENM 소속으로 「1박 2일」, 「꽃보다 할배」, 「삼시 세끼」 등을 연출했다.

대개는 이쯤에서 사람들이 로뎅과 같은 자세를 취했을 것으로 예측한다. 그런데, 결과는 예측을 벗어났다. 많은 사람이 자세를 취하라는 말에 갑자기 머뭇거리며 우왕좌왕하는 모습을 보였다.

"여러분이 로뎅을 알고 있다고 생각하지만, 실상은 로뎅을 잘 모르고 있던 겁니다. 대충 보며 대충 기억한 것이지요."

그렇다. 나도 이쯤에서 자세를 취하라는 말에 '그 정도는 나도 알지'라고 장담했다. 그런데 자세를 취하기 위하여 로뎅의 자세를 생각하자, 정확한 자세가 생각나지 않았다. 손의 모양이 쥐고 있었는지, 펴고 있었는지. 오른쪽 턱에 괴고 있던 것인지, 허리는 어느 정도로 구부리고 있던 것인지……. 막상 자세를 취하려니, 이내 머릿속에서 로뎅은 희미한 형상만 스쳐 갈 뿐이었다.

우리가 성공에 대한 강연을 듣거나 책을 읽으면 대개는 이와 같은 반응을 보이기 일쑤이다. 마치, 다 이해하며 기억함으로 실행만 하면 성공이란 종착지를 향해 금방이라도 갈 수 있을 거로 느끼는 일이 대부분이다. 우리는 그렇게 착각한다.

착각하는 인간 – 대단한 착각

잠시, 오래전에 읽은 책을 떠올린다. 어느 책이어도 상관없다. 현재 시점에서 과거에 읽은 책을 떠올려 보자. 6개월이나 1년 전, 그 이전에 읽은 책에 관해서 책의 내용이 얼마나 기억나는지를 확인해보자. 자, 어떠한가? 책의 내용이 선명하게 기억나는가? 대개는 책을 읽고 나서 불과 며칠만 지나도 책의 내용을 잊어버리는 것이 부지기수다. 왜 그럴까?

망각 곡선(forgetting curve)은 시간이 지남에 따라 기억이 남아 있는 감소의 정도를 말하는 가설이다. 이 곡선은 기억을 유지하려는 시도가 없을 때 정보가 시간이 지남에 따라 손실되는 정도를 보여 준다.[4]

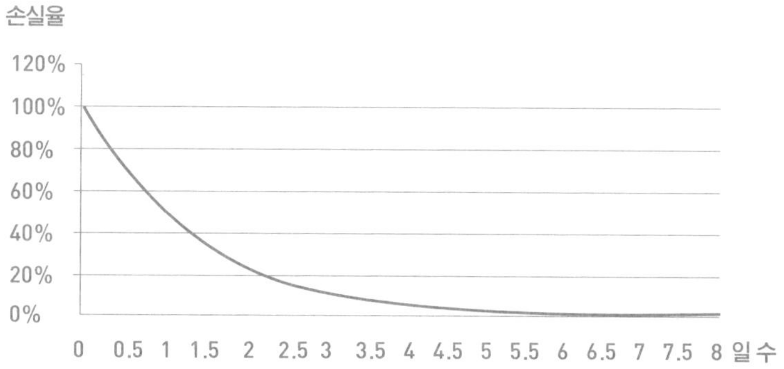

헤르만 에빙하우스[5]의 망각 곡선에 따르면 하루만 지나도 우리의 기억은 50% 손실률을 보인다. 불과 5일만 되도 대부분의 기억을 잊어버린다. 이 연구에 따르면 우리의 기억은 그리 오래가지 못한다는 것을 확인할 수 있다. 새로운 것을 경험할 때, 그것이 어떤 강의라고 치자. 처음에는 강의를 들을 때 기억이 며칠은 갈 거로 생각한다. 그러나, 우리의 실제 기억하는 정도는 불과 몇 시간을 넘기지 못하는 것이 현실이다.

---

4. 망각 곡선(forgetting curve); 헤르만 에빙하우스의 가설은 시간이 지남에 따라 기억이 남아 있는 감소의 정도를 말하는 가설이다. 이 곡선은 기억을 유지하려는 시도가 없을 때 정보가 시간이 지남에 따라 손실되는 정도를 보여준다.
5. 헤르만 에빙하우스(Hermann Ebbinghaus, 1850-1909); 기억의 실험연구를 개척한 독일의 심리학자로서 망각 곡선과 간격 효과를 발견했다.

대부분의 기억은 몇 시간이 지나면 혹은 하루 이틀만 지나도 엄청난 손실을 겪는다. 그런데도 우리는 경험한 것에 대해 여전히 많은 것을 기억하고 있다고 착각할 때가 종종 있다. 저자는 이것을 '대단한 착각'이라고 부른다. 아무리 뛰어난 강의를 들어도, 아무리 훌륭한 책을 읽어도 그것이 우리의 기억 속에 장기 기억으로 저장되지 않는 한, 그들의 목소리가 우리에게 남아 있을 리 만무하다. 우리는 냉정한 현실을 직시하여야 한다.

우리가 착각하는 현실은 바로 이와 같은 것이다. 대게 책을 읽고 강연을 들으면 이내 성공의 문턱에 와있는 것처럼 착각한다. '시작이 반이다'라는 말이 있듯이, 이제 시작했을 뿐임에도 절반이나 이룬 것처럼 뿌듯함을 느낀다. 강연자의 강연 내용을 다 이해하는 것 같고 그들의 성공 이야기가 금방이라도 자신에게 적용할 것처럼 느낀다. 그러나 그것은 순전히 착각이다.

지금 당장 로뎅의 모습을 재현해보자. 그리고 얼마나 같은 모습을 취했는가 확인해보자. 대부분은 우리가 취한 포즈와 실제 로뎅의 자세는 많은 부분에서 차이가 있을 수밖에 없다.

명심하자. 우리가 알고 있다고 자부하는 순간, 우리는 딜레마에 빠진다. 망각해버린 내용이 우리를 떠난 지 이미 오래인데, 여전히 우리는 기억 속에서 그것을 붙잡고 있다며 착각하는 한, 이미 떠나버린 열차는 나를 목적지로 데려다주지 않는다.

우리가 무엇을 '안다'라고 고백하기 전에, 눈앞에 칠판이 있다고 가정하고 가상의 청중에게 설명을 해보자. 만약 내가 알고 있는 내용을 10%밖에 설명을 못 한다면, 10%의 수준이 현재 나의 모습이

자 현실이다. 그러나 절망할 필요는 없다. 현재의 수준에서 나의 부족함을 발견했다면, 이제라도 다시 채움의 과정으로 들어가면 된다. 망각한 자신을 여전히 깨닫지 못하는 사람에게 희망이 없는 것이지, 망각한 자신을 깨우친 사람에게는 희망이 있다.

착각하지 않는 그들

흔히, 어떤 목표를 이루었거나 성공한 사람은 이러한 착각의 정도가 적은 사람이다. 착각의 정도가 적다는 것은 무엇을 의미할까? 그것은 사람들에게 어떤 결과를 안겨주는 것일까? 착각하지 않는 시각으로 세상을 보는 것은 왜곡하지 않은 채 세상을 보는 것이고, 자신에 관해 올바른 시각을 갖고 있는 것이다. 이런 사람은 자신 안에 내재한 잠재력과 가능성을 수면 밖으로 끌어낼 수 있다.

반면에 자신에게 무엇이 부족한지 모르는 사람은 평생토록 부족한 것을 채우지 못한다. 우리가 목표와 꿈을 향해 나아갈 때, 법칙을 따르는 것보다 중요한 것은 자신의 부족한 것을 채워나가는 것이다. 채움이 있어야 목표를 이루고, 원하는 삶의 모습을 그릴 수 있다.

노력의 부족함을 아는 사람이 더 노력한다. 앎이 부족한 사람이 앎의 부족함을 채워나간다. 경험과 성실함이 부족했던 사람이 경험과 성실함을 채워나가는 것을 반복하면 어느새 목표가 눈앞에 와있다. 성공이 눈 앞에 펼쳐진다. 이것이 바로 우리가 그토록 바라던 성공의 척도이자 목표를 이루는 방법이다.

착각에서 벗어나는 길

이제 우리는 착각을 줄이거나 착각의 현실에서 벗어나야 한다는 것을 알았다. 그런데, 어떻게 해야 착각을 줄이거나 착각에서 벗어날 수 있을까? 이에 대한 답을 얻기 위해 우리는 그동안 무엇을 했고 왜 착각했는지 돌아보는 것이 필요하다.

평소에 자신은 완벽함에 가까운 사람이라고 자부하는 A라는 사람이 있다. 누구라도 칭찬할 만한 성실함과 책임감 그리고 사람들을 향한 배려심으로 인해 주변 사람은 그를 좋은 사람이라 평가한다. 그런데, 막상 가장 가까이에 있는 그의 가족은 그에 관해 불만이 많다. 그가 느끼는 바도 매한가지이다. 주변 사람을 대하는 것보다 가족이 불편하고 가족이 자신을 대하는 태도가 못마땅하다.

위와 같은 모습은 현대 우리 사회에서 흔히 찾아볼 수 있는 가족의 모습이다. 이들이 느끼기에 분명 자신은 잘하고 있다고 여기는데, 가족과의 갈등 문제는 쉽게 사그라지지 않는다. 그러나, 문제의 본질을 알지 못하면 해결의 실마리를 찾지 못한다. 내가 생각하는 프레임 안에서 자신은 좋은 사람이고, 완벽함에 가까운 사람이라고 생각하는 것을 벗어나지 못하는 한, 문제점을 발견하는 것도 쉽지 않다.

A의 경우, 자신에게도 어느 정도의 문제가 있다는 것을 인지하고 있다. 동시에 이를 벗어나는 것은 쉽지 않다. 이런 상황이라면 A에게 어떤 해결책을 제시해 줄 수 있을까? 다음에서 이에 대한 답에 접근하려 한다.

현실을 바라보는 프레임 쪼개기와 집중

연배가 있는 사람은 '시간이 참 빠르다'라는 표현을 자주 한다. 젊은 이들에는 쉽게 다가오지 않는 말이다. 비단 저자의 경우에도 스무 살 젊은 날에 바라본 10년, 20년 후는 매우 먼 훗날의 시간이었다.

그러나, 어느덧 마흔이 되고 또 몇 년의 횟수를 넘기자 시간에 대한 느낌이 확연하게 달라졌다. 그뿐만이 아니다. 어제의 몸과 오늘의 몸이 다르고, 불과 1~2년 전의 몸과 지금이 몸이 다르다는 것을 느낀다.

이렇게 각 세대의 '1년'이라는 시간만 놓고 보아도 다른 느낌, 다른 개념으로 다가옴을 알 수 있다. 이에 관해 뇌과학자 김대식 교수는 시간의 프레임을 들어 설명한다.

> "10대 시절에는 프레임을 잘게 쪼개어 보고 있어서 시간이 짧다고 느끼지 못합니다. 그런데, 나이가 들어서는 프레임을 길게 나누어서 봅니다. 이런 이유로 시간이 매우 빠르게 지나가는 것처럼 느끼는 겁니다. 그렇다면 나이 들어도 시간이 더 천천히 가는 것처럼 느끼는 방법은 없을까요? 방법이 있습니다. 시간이 더욱 천천히 가는 것처럼 느끼고 싶다면 프레임을 잘게 쪼개서 보면 됩니다. 잘게 쪼개서 보는 방법이 있습니다. 바로 집중하면 됩니다."[6]

젊은 날에는 대부분의 사람이 사는 순간순간의 짧은 찰나를 기억에 담고 의미를 부여한다. 그런데 나이가 들면 이러한 순간의 시

---

6. 김대식 교수. [인문학 아고라, Beautiful Life] '뇌, 현실, 그리고 인공지능' 강연중에서.

간을 돌아볼 새도 없이 사는 경우가 부지기수다. 찰나의 순간은커녕, 일주일 아니 한 달이라는 시간도 어느새 금방 지나가 버린다. 김대식 교수는 이것을 해결하는 방법으로 집중할 것을 제시한다.

집중하여 보는 것. 순간순간을 집중하여 보면 더 많은 것이 눈에 들어오고 놓쳐버린 것이 다시 기억장치에 저장된다는 것이다. 만약 우리가 집중하지 않은 채 시간을 보내면 기억에 남을 새도 없이 시간은 빠르게 지나간다. 우리가 그동안 수없이 많은 강의를 듣고 책을 읽었어도 마찬가지이다. 집중하지 않으면 그저 빠르게 지나가는 찰나의 순간일 뿐이다.

학창 시절을 떠올려 보자. 무언가에 집중할수록 그것이 더 기억에 남고 이해가 잘 되었던 것을 경험했을 것이다. 반면에 집중하지 않은 것은 기억되지 않고 빠르게 지나갔던 것도 알 것이다. 우리가 원하는 것이 있다면 집중해야 한다. 집중하지 않으면 놓쳐버리고 놓쳐버리는 것이 쌓이면, 그만큼 우리는 착각하며 세상을 살게 된다.

03. 자신을 제대로 파악하는 능력, 메타인지[7]

'학업 성취도와 기억력의 상관성을 알아보는 연구'를 한

7. 메타인지(metacognition); 자신의 인지 과정에 대하여 한 차원 높은 시각에서 관찰·발견·통제하는 정신 작용이다.

기관에서 진행했다. 실험은 이렇다. 연관성이 없는 25개의 단어를 75초간 모니터에 보이고, 진행자는 참가자들에게 본인이 기억하고 있는 단어의 개수를 적으라고 한다. 3분의 시간이 흐른 뒤에 진행자는 참가자들에게 이번에는 기억한 단어를 적으라고 한다. 결과는 어땠을까?

A그룹의 맞춘 개수	11	10	10	8	8
B그룹의 맞춘 개수	8	7	7	6	4

아래는 A그룹의 학생들이 맞춘 개수이고, 아래는 B그룹의 학생들이 맞춘 개수이다. 이번에는 단어를 맞추기 전 예측했던 개수와의 오차가 어떻게 달라졌는지를 확인해보자.

A그룹의 예측 개수와의 오차	+1	0	0	0	0
B그룹의 예측 개수와의 오차	−2	+1	+3	+1	−6

결과는 놀라웠다. A그룹의 학생들은 자신이 맞출 거로 예측한 개수와 실제 맞춘 개수와의 오차가 거의 없었다. 반면에 B그룹의 학생은 예측한 개수와 실제 맞춘 개수와의 오차가 컸다.

대부분의 사람은 자신을 얼마나 잘 알고 있느냐는 질문에 너무도 당연하게 '매우 잘 알고 있다'라고 말하곤 한다. 그러나 실제는 위의 실험처럼 자신을 인식하는 바와 사실관계가 많이 차이가 나는 것을 알 수 있다. 이것이 시사하는 바는 다음과 같다.

자신에 대해 제대로 파악하고 있는 사람들은 더 나은 삶을 향한 삶의 여정에서 변화와 성장을 빠르게 경험한다. 반면에 자신에 대해 제대로 파악하지 못하는 사람들은 변화와 성장의 과정에서 앞으로 나아가기보다는 제자리이거나 뒤처지는 삶을 산다.

누구도 늘 제자리인 삶을 살고 싶지는 않을 것이다. 뒤처진 삶을 살고 싶어 하는 사람도 당연히 없다. 느리게 가는 한이 있어도 변화와 성장은 우리 삶에서 반드시 일어나야 한다. 그것이 곧 우리가 살아가는 이유에 대한 중요한 답을 정해주기 때문이다.

글로벌 도시락 기업, 스노우폭스(SNOW FOX)의 김승호 회장[8]은 강연에서 다음과 같은 이야기를 했다.

어떻게 생각이 실체로 발현되었는가를 설명해 보겠습니다.

우리 주위에 있는 것을 살펴볼까요. 이것들은 누군가의 상상으로 만들어진 것입니다.

많은 사람이 쓰고 있는 아이폰도 누군가의 상상으로 우리 눈앞에 만들어진 것입니다.

우리 눈에 보이는 모든 것은, 다 처음에 누군가가 상상한 것입니다.

우리는 현실 속에 살고 있다고 생각하지만, 우리가 생각하지 않으면 어떤 것을 깊게 생각하는 누군가의 상상 속에 살게 되는 것입니다.

---

8. 저술가이면서 사업가이다. 저서로 『돈의 속성』, 『알면서도 알지 못하는 것들』, 『김밥 파는 CEO』, 『생각의 비밀』, 『자기경영 노트』가 있다.

아무런 생각을 하지 않을수록 우리는 누군가의 상상물 속에 살게 되는 것이죠.

김승호 회장은 '생각의 중요성'을 전파하는 것으로 많이 알려져 있다. 그의 말에 따르면, 생각하는 힘은 곧 물리적 실체로 바뀐다. 여기에 전제되는 조건이 있다. 내가 무언가를 생각한다는 것 이전에 '내가 제대로 생각하고 있는가?'가 전제되어야 한다. 내가 제대로 알고 있는가? 내가 바르게 깨달은 것이 맞는가? 와 같은 질문에 '그렇다'라고 대답을 할 수 있어야 생각하는 힘은 비로소 강력한 힘을 발휘한다.

우리가 살아가는 세상은 참으로 복잡한 사슬구조이다. 모든 것을 연결하고, 또한 모든 것이 개별적으로 존재하는 세상이다. 철학도, 과학도, 예술도, 사회도 모두 연결하고 개별적으로 각기 중요한 의미를 담고 있다. 더 나은 삶을 향한 삶의 여정에서 이러한 복잡한 세상을 보지 못하면 얽혀 있는 실타래 속에서 헤어 나오지 못하는 삶을 살아야 한다.

그래서 메타인지가 중요하다. 메타인지는 제대로 파악하는 능력이다. 자신이 아는지 모르는지 성찰하는 능력. 자기 생각에 대해 생각하는 능력. 한 차원 높은 인지 능력이 곧, 메타인지이다. 나의 현재가 어떠한지, 나는 무엇을 알고 있으며 또 무엇을 모르고 있는지에 대한 물음. 이러한 물음에 얼마나 제대로 답을 할 수 있는지의 정도가 내가 앞으로 변화할 수 있고 성장할 수 있는지를 확인해 주는 중요한 척도이다. 자신에 대해, 자신의 상태에 대해 잘 알지 못하면 변화와 성장은 찾아오지 못할뿐더러 찾아온다 해도 더디게 된다.

메타인지 능력이 좋은 사람 즉, 자기성찰 능력이 좋은 사람에게 나타나는 특징은 전두엽의 피질 부위에 회백질이 많다는 것이다. 이런 사람일수록 전두엽에 신경 세포가 많으며 고차원적인 인지 능력이 뛰어나고 계획적인 삶을 산다.

우리가 더 나은 삶을 바라고 성공하는 삶을 살기를 바란다면 훈련을 통해서라도 메타인지 능력을 높여야 한다. 제대로 인지할 수 있어야 앞으로 나아갈 수 있고 도약할 수 있지 않겠는가? 자신을 제대로 인지하고 성찰할 수 있는 능력이 뛰어나면 삶을 헤쳐나갈 힘과 지혜가 길러지지 않겠는가?

버티고 견디는 힘도 결국, 이러한 메타인지 능력에서 비롯한다. 지식을 쌓고 많은 경험을 쌓는 것도 필요하지만, 자신을 제대로 파악할 수 있다면 언제라도 도약할 수 있고, 언제라도 역전할 수 있다.

일전에 EBS에서 최상위권의 성적을 내는 학생을 중심으로 학업 성취도의 비밀을 파헤치기 위해 「공부의 왕도」라는 프로그램을 방영했다. 그중 한 편을 소개한다.

전교 꼴찌나 다름없는 한 학생의 이야기가 소개되었다. 만화와 게임에 빠져 사는 이 학생에게 공부란 오로지 다른 사람에게만 해당하는 이야기일 뿐이다. 주어진 하루 중, 학교에 있는 시간을 제외하고는 온종일 만화와 게임에만 빠져 지낸다. 그러던 어느 날, 방과 후 길에 우연히 부모님의 농사일하는 모습을 보고는 이 학생에게 놀라운 삶의 반전이 시작된다. 가족들을 위해, 생계를 위해 고생하는 부모님의 모습이 머리에서 떠나지 않았던 것이다. 이후로 이 학생은 고생하시는 부모님을 위해 공부를 하기로 한다. 결과는 놀라웠다. 이듬해 찾아온 시험에서 반 1등을 하더니 두 학기 만에 전교 1등을 차지했다.

위의 이야기는 허구가 아니다. 이런 일은 생각 외로 현실에서 매우 많이 일어난다. 어떻게 해서 이것이 가능한 것일까? 그것은 메타인지에 달려있다. 메타인지 능력이 좋은 사람은 어느 때고 기회가 오면 변화와 성장의 길, 성공의 길로 갈 수 있다. 그렇기에 우리는 메타인지 능력을 키워야 한다. 이 능력을 키우기만 한다면 더욱 더 수월하게 삶을 우리가 원하는 방향으로 이끌어 갈 수 있다.

어떻게 메타인지를 키울 수 있을까?

첫째, 메타인지는 타인에 의해서 길러지는 것이 아니라 스스로 기르는 것임을 자각해야 한다.

둘째, 안다고 생각하는 바를 지속해서 확인하고 점검하는 습관을 길러야 한다.

셋째, 자존감과 자신감이 모자라지 않도록 해야 한다. 모든 변화는 '나는 할 수 있다(I can do it)에서 출발하기 때문이다.

소크라테스는 말했다.

"너 자신을 알라."

04. 동기부여, 자극

좀 더 확실하게 반응하고 싶은가? 무언가 확고하게 행동하길 원하는가? 그 이전에 자극이 있어야 한다. 이른바 동기부여일 수도 있고 깨달음일 수도 있다. 욕구일 수도 있고 비전일 수도 있다. 어찌 되었든 간에 자극을 받으면 더 강하게 행동할 수 있다. 꾸준하게 지속하여 크게 도약할 수 있다.

그런데 만약, 자극이 없는 상태의 반응은 잔잔한 물결에 작은 물 튀김밖에 생기지 않는다. 자극이 강하면 강한 물 튀김이 일어나는 법이다. 비단 동기부여를 일컫는 말이 아니다. 해야겠다는 마음과 함께할 수밖에 없는 이유, 하고 싶다는 욕구가 만들어지면 언제라도 자리에서 박차고 일어날 수 있는 강력한 계기가 생긴다. 이것이 자극이 주는 힘이다.

목표와 꿈과 비전이 있다고 하여 박차고 나갈 수 있는 것은 아니다. 목표, 꿈, 비전 외에도 강한 자극이 있다면 어떠한 것이라도 좋다. 자극이 강할수록 강한 반응을 할 수 있는 에너지가 우리 안에서 만들어진다. 굳이 외부의 자극이 아니어도 좋다. 내부에서 강한 자극을 만들어 낼 수 있다면 우리는 박차고 나갈 수 있다. 때로는 외부의 자극보다 내부에서 만들어지는 자극이 더 강한 반응을 끌어내기도 한다.

우리는 어려서부터 꿈과 비전에 너무 매달려 왔다. 한편으로 강요당하기도 했다. 그러나, 꿈과 비전만으로는 앞으로 나갈 동력을 만들기에 부족하다는 것을 알아야 한다. 대통령, 외교관, 판사, 검사, 의사가 꿈이라고 해서 앞으로 나아갈 에너지가 생긴 적이 있는가? 열 걸음 또는 백 걸음을 걷게 했을지는 몰라도 만 걸음, 백만 걸음을 걷게 하지는 못한다. 자극이 없으면 반응도 멈춘다. 동기부여가 사라지면 그나마 있는 힘도 힘을 쓰지 못한다.

우리는 지속하여 자극을 만들어 내야 한다. 때로는 심신을 괴롭혀서라도 강력한 반응을 끌어낼 수 있다면 그렇게 해서라도 계속 나아가야 한다.

일전에 한 방송에서 박찬호 선수가 출연하여 한겨울에 꽁꽁 얼어붙은 얼음을 깨고 계곡물에 들어가는 것을 보았다. 그렇게 한 이유를 물으니, 정신을 단련하기 위해서라고 말했다. 그리고 이듬해 그는 좋은 성적을 냈다. 강한 자극이라는 것은 이와 같다. 애써 몸을 험난한 상황에 던지라는 말이 아니다. 몸이든 정신이든, 강한 자극과 함께 강한 반응을 할 수 있도록 하지 않으면 더 나은 삶은 쉽게 찾아오지 않는다.

저자도 때마다 자극에 몸을 맡긴다. 자극에 자신을 던진다. 저자의 경우에는 가족 혹은 책이나 강연이 자극을 주는 경우가 많다. 자극이 가슴 깊이 다가올 때는 심장이 타는 것 같고, 뭐라도 해야 할 것 같은 강력한 동력이 생기곤 한다. 강력한 에너지가 솟구친다. 그러나, 이러한 자극도 오래가지는 못한다. 사람마다 차이는 있겠지만, 어느 때가 되면 불같았던 자극은 열기가 사라져 버린 채 평범한 일상으로 되돌아간다.

자극을 지속해서 받으려면 긴장의 끈을 놓으면 안 된다. 긴장이 사라지는 순간, 자극도 사라진다. 명심하자. 우리 삶에는 항상 탄성과 관성이 존재하고 있다. 탄성과 관성의 법칙을 벗어나지 못하는 한 미래를 향한 문턱까지 왔다가 이내 원점으로 돌아갈 수 있다. 새로운 항상성을 만들지 않으면 이전의 항상성에 의해 우리 삶은 제자리로 돌아간다. 변화와 성장을 바란다면서 관성과 탄성에 지배당하는 삶을 산다면 꿈과 비전은 먼 훗날에 후회하는 기억으로만 남을 것이다. 누구도 이것을 바라지는 않는다. 니체의 말을 다시 가져와 보자.

> 의미를 찾으려는 인간의 노력이 마음의 평온을 가져오기보다는 긴장을 불러일으키는 것은 틀림없는 사실이다. 삶에 어떤 의미가 있다는 것을 깨닫는 것보다 최악의 상황에서 효과적으로 살아남을 수 있는 방법은 없다. '왜 살아야 하는지 아는 사람은 어떤 어려움도 참고 견딘다'라는 니체의 말에는 이런 예지가 담겨 있다.[9]

자극이 필요하다고 하는 것은 살아야 할 이유에 대한 것이다. 자극은 참고 견디는 힘을 안겨준다. 먼 훗날의 기억으로 남을 꿈이 아니라 꿈이 현실화 시켜주는 수단이기 때문이다. 그렇기에 우리는 지속해서 자극을 받아야 한다. 어떻게 해서 자극을 만들어 낼 수 있을까?

먼저 자극을 방해하는 요소들을 제거하는 것을 선행해야 한다. 예컨대, 게으름은 부지런함의 적이다. 정리되지 않은 난잡함은 성

---

9. 빅터 프랭클. 『죽음의 수용소에서』. 청아출판사. 2020. p174.

공을 향한 길목에 쓰러져 있는 고목과도 같다. 나약함을 인정하되 나약함에 지는 자신도 벗어나야 한다. 미래의 모습을 그린다고 하면서, 실상 과거의 모습에서 벗어나지 못한다면 그것만큼 어불성설인 것이 없다.

아주대학교 김경일 교수는 상황의 변화가 가져오는 효과에 관해 설명한다. "조건이 중요한 것이 아니라, 상황만 바꾸어주면 능력은 극대화가 됩니다." 상황과 환경을 바꾸어주면 강력한 동기가 만들어지고 능력이 극대화된다. 곧 잠재력을 가동할 수 있는 여건이 되는 셈이다.

성공한 사람 중에는 게으른 사람이 없다. 지저분한 사람도 없다. 우리 주변의 환경에 변화를 주자. 당장 책상 위부터 깨끗하게 정리하고 본래의 존재 목적에 맞게 주변의 가구들을 정리하자. 인간은 환경의 영향을 받는다. 공부하고 싶고, 책을 읽고 싶고, 무어라도 도전하고 싶은 환경을 만들면 나도 모르게 마음이 새로워지기 시작하는 것이 인간이다.

물론 개인마다 자신에게 영향을 주는 자극은 각기 다르다. 어떤 사람은 강연이나 책을 통해서 자극을 받는다. 어떤 사람은 주위의 친구들을 통해서 자극을 받는다. 가족을 통해서 자극을 받는 사람도 있고, 자신의 꿈과 비전을 떠올리는 것만으로도 자극을 받는 사람이 있다.

자신에게 어떤 자극이 강한 영향을 주는지는 스스로가 잘 알고 있다. 어떤 자극이 필요한지 감이 안 오는 사람은 여러 자극에 자신을 노출해보면 알 수 있다. 여러 자극에 자신을 내던져서 반응이 가장 확실하게 오는 자극을 찾으면 된다.

기억하자. 자극이 없으면 반응이 일어나지 않는다. 의지력도 한계가 있고, 꿈과 비전만으로도 당연히 한계가 있다. 아래는 저자가 자극을 받는 경우의 예이다.

- 어느 날, 우연히 영상 하나를 보았다. 두 팔이 없는 사람이 등장하였는데, 일상생활에서 누구보다도 열심히 살며 누구보다도 긍정적인 마음과 태도로 살아가는 것을 보았다. 나는 간혹 이런 영상을 접할 때마다 눈시울이 뜨거워지면서 한편으로 '더 열심히 살아야지'라고 생각한다.
- 실패를 딛고 일어선 사람들이 경험담이다. 몇 번이고 실패를 경험하지만, 포기하지 않고 계속해서 노력하고 달려온 결과 원하던 목표에 도달한다. 꿈을 향해 정진하는 자들의 이야기를 들을 때마다 '나도 할 수 있다'라고 결심한다.
- 가족들을 떠올릴 때마다 드는 생각은 내가 어떤 삶을 사는가에 따라서 가족들의 삶도 달라진다는 것이다. 내가 열심히 살면 가족에게도 그에 따른 삶의 행복이 찾아온다. 심적으로, 물질적으로 행복한 가족의 삶이 내게 달려있다는 생각을 하게 될 때마다 나는 자극을 받는다.

물론 이러한 자극이 주는 시너지는 생각보다 오래가지 못한다. 마음이 무너지는 어떤 순간을 만나게 되거나 스트레스가 쌓여 정신적으로 육체적으로 힘들 때가 찾아오기도 한다. 이러한 경우엔 저자도 자극이 주는 힘에서 이탈하여 아무 힘도 쓰지 못하는 때를 경험하곤 한다. 꿈과 희망이 없고 노력이 부족해서가 아니다. 좋은 환경의 영향을 받지 못해서도 아니다. 많은 것을 갖추고 있어도 누구에게나 삶의 '진자 운동'은 찾아오게 되어있다.

진자 운동은 한쪽 끝을 갔다가 다시 반대 방향의 끝을 향해 움직인다. 우리 삶은 이러한 진자 운동을 반복하는 삶이다. 어느 날은 컨디션이 최고조에 이를 때가 있는가 하면 어느 때는 최악의 컨디션이 찾아올 때도 있다. 비단 컨디션 뿐이겠는가? 삶의 여정에서 좌절과 낙심, 그리고 행복과 성취 등의 순간은 지속하여 반복적으로 찾아온다.

좌절과 낙심 그리고 실패와 위기 상황에 자신을 내던지고 싶은 사람은 아무도 없다. 그렇다면 우리가 해야 할 일은 다시 자극을 만들어 내는 것이다. 삶의 여정 가운데서 계속해서 앞으로 나아갈 수 있는 동력을 만들어 내는 것이 필요하다. 그것은 내면의 불타오르는 동기부여일 수도 있고, 뜻하지 않게 찾아오는 외적인 환경의 변화일 수도 있다.

자극이 주는 힘이 사라졌거나 자극이 주는 힘에서 이탈되었다면 우리는 다시 자극을 만들어 내야 한다. 자극은 찾아오기도 하지만, 우리 스스로 만들어 낼 수도 있다. 오늘의 나에게 자극을 주어 내일의 나를 달리게 해보자.

인간은 우리가 생각하는 것 이상으로 위대한 존재이다. 불과 100년 전의 시대에서 현재와 같은 세상이 찾아올 거라고 누가 생각이나 해봤을까? 우리는 모두 위대한 사람이 될 수 있다. 다만, 자기 스스로 위대한 존재임을 믿고 앞으로 향하는 자들에게 말이다.

05. 앞으로 나가는 믿음

"사람은 누구나 천재다. 하지만 나무에 오르는 능력으로 물고기를 판단하면 물고기는 자신이 바보라고 생각하며 평생을 살게 될 것이다."

-알베르트 아인슈타인

하버드 대학교 교육대학원에서 강의하는 토드 로즈 교수의 어린 시절 이야기이다.

그는 졸업 점수 미달로 고등학교를 그만두어야 했던 꼴찌 중의 꼴찌였다. 어린 시절부터 장난꾸러기였던 토드는 중학생 시절에 주의력 결핍 장애(ADHD)가 있었다. 공부는 늘 꼴찌였고, 친구들에게도 인기가 없었다. 그는 하루에도 몇 번씩 구제 불능이라 말하는 선생님과 손가락질하는 친구들 사이에서 온종일 시달렸다. 그런 그에게 있어서 부모님은 유일한 버팀목이었다.

자신을 믿어주지 않는 시선에 그는 학교가 싫었고, 이런 토드를 위해 부모님은 사랑과 정서적 지지를 아낌없이 쏟아부었다. 이후 토드는 자신을 믿어주는 부모에게서 안정을 얻고, 이내 자신의 꿈을 향해 나아갈 수 있었다.

대개 성공을 바라는 사람들은 소망을 다음과 같이 표현한다.

"소망하는 것이 있고, 그것을 포기하지 않으면 언젠가는 이루게 된다."

실제로 성공에 관한 많은 강연이나 책에서 이렇게 언급한다. 소망을 품는 것, 그리고 그것을 포기하지 않는 것은 참 중요한 것이다. 더 나은 삶을 향한 동력이기 때문이다. 그러나, 소망을 포기하지 않는다고 해서 소망이 이루어지는 것은 아니라는 사실도 알아야 한다. 소망이 이루어지도록 하는 힘은 내면에 있다.

내면의 힘

이 책의 서두에서 언급한 바와 같이, 아무것도 없는 상자를 통과하는 장치에서는 원하는 결과를 도출하지 않는다. 반면에 무언가 채워져 있는 상자들이 있는 장치에서는 원하는 결과를 도출한다. 당연하면서 간단한 이 사실을 우리는 종종 놓쳐버린다. 채워지지 않는 현실(현재의 자신)을 바라보지 못한 채 원하던 결과가 우리 눈앞에 펼쳐지지 않으면 이내 다른 곳으로 원인을 돌려버린다.

생각해보자. 무어라도 있어야 어떤 일이 일어나는 법이다. 아무것도 없으면 어떤 일도 일어나지 않는다. 이것은 지극히 당연한 자연의 법칙이다. 우리가 살아가면서 어떤 목표를 이루고자 한다면 필요한 무언가가 있어야 한다. 인간이라는 존재는 내적 & 외적으로 채워지는 것이 없으면 전진할 수 없도록 설계가 되어있다.

앞서 토드 교수의 이야기에서 그가 어린 시절의 어려움을 극복하고 앞으로 나아갈 수 있었던 힘은 믿음이었다. 자신을 신뢰하는 부모의 모습에서 그는 심리적 안정을 얻었고, 자신에 대한 가능성의 믿음을 키워나갈 수 있었다. 변화를 꿈꾸는 사람에게 요구하는 자질 중의 하나는 믿음과 신뢰이다.

믿음이 없으면 용기를 낼 수 없고 희망도 금세 사라진다. 내가 변화할 수 있고, 목표를 이룰 수 있고, 성공할 수 있을 것이라는 믿음. 그것이 불씨가 되면 이내 믿음은 나를 더 높은 곳으로 이끌어 주는 불꽃이 된다.

믿음의 환경

한국에서 대학수학능력 시험이 시행된 이래, 최초의 만점자가 나오던 날, 모든 언론사는 이 기사를 쓰기 위해 만점자를 찾았다. 그리고 모두가 궁금해할 질문을 던졌다.

"만점 받으신 것을 축하드립니다. 만점을 받을 수 있었던 비결이 무엇입니까?"

예상컨대, 사람들은 만점자가 들려주는 특별하고 탁월한 비법을 기대했을 것이다. 그러나 이내 사람들은 만점자의 대답을 듣고 실망을 감출 수가 없었다. 만점자에게 들은 이야기는 누구라도 많이 들어왔던 지극히 평범한 이야기였기 때문이다.

"교과서 중심으로 공부했습니다."

해마다 만점자가 나오면 빠짐없이 나오는 답변이다. 해마다 듣는 답변에 많은 사람이 실망하면서 사람들은 또 다른 이야기가 있을 것이라는 희망을 버리지 않았다. 그런데, 만점자는 왜 이런 대답을 했던 것일까?

교과서 중심으로 공부했다는 이야기만 가지고 답을 분석하려 하면 본질을 놓친다. 만점자의 이야기에 숨어 있는 답의 본질은 '교과서 중심'이 아니다. 그렇다고 그가 좋은 환경적인 요소를 갖추었던 것도 아니다. 인터뷰하기 위해 기자가 찾아갔던 지역은 시골 외딴 지역이었다.

학원은 고사하고 책 한 권 사기도 버거웠던 환경임에도 불구하고, 만점자는 자신에 대한 부모의 신뢰 속에서 자신에 대한 믿음을 키워나갔다. 그리고 그 믿음이 마침내 만점이라는 결과를 얻게 해 준 것이다. 대개는 환경이 열악할수록 위축되기 마련이다. 그러나 오히려 걱정해야 할 것은 마음이 뒤처지는 것이다.

마음이 뒤처지면 어떠한 것도 하지 못한다. 반면에 마음이 강해지면 어떠한 것도 해낼 자신감을 갖는다. 누구나 할 수 있지만, 아무나 하지 못하는 가능성에 대해 그 길을 열어주는 것은 내면에서 나온다. 자신에 대한 믿음에서 나온다. 자신에 대한 믿음이 강해지면 세상의 모든 것은 가능성으로 바뀐다.

06. 끌어당기는 힘, 긍정

삶에서 긍정적인 생각과 태도가 가져다주는 영향은 과연 어느 정도일까? 긍정이 주는 효과는 연구가 시작된 이래로 계속 발표하고 밝혀졌다. 우리가 할 일은 긍정의 말과 태도, 그리고 생각을 우리 삶에 적용하는 것이다.

다음의 실험을 보자. 실제로 한 방송사(KBS)에서 했던 실험이다.

양파 두 개를 준비해서 며칠에 걸쳐, 매일 수시로 한쪽의 양파에는 긍정의 말을, 다른 한쪽의 양파에는 부정의 말을 들려주었다. 긍정과 부정의 말을 전달하는 것 외에는 다른 모든 조건은 같다. 수일이 지난 후, 두 개의 양파에는 어떤 변화가 있었을까?

긍정의 말을 건넨 양파에는 시들었을 뿐, 그 외에 별다른 모습은 찾아볼 수 없었다. 반면에 부정의 말을 건넨 양파에는 곰팡이가 생겼고, 썩은 내가 진동하고 있었다.

이와 같은 실험은 양파 말고 다른 것으로 대체하여 실험해도 비슷한 양상의 결과가 나온다. 가령, 밥을 가지고 실험하여도 같은 현상이 나타난다. 식물을 가지고 한 실험에서도 결과는 마찬가지였다. 왜, 이런 현상이 발생하는 것일까?

이러한 실험을 두고 한 언론사에서는 '말의 힘'이라는 주제로 다큐멘터리를 만들었다. 과학적인 원리나 원인을 떠나서 말이 가져다준 영향과 결과를 생각해 볼 필요가 있다. 말의 힘, 말의 영향을 양파가 아닌 인간에게로 적용한다면, 어떤 결과가 나올까?

긍정의 태도와 감정은 긍정의 에너지를 발산한다. 이것을 자신에게 적용하면 개인의 변화가 찾아오고, 가정에 적용에하면 가정에도 변화가 찾아온다. 이를 확대해 사회에 적용하면 사회가 변화하리라는 것은 자명하다. 긍정의 에너지는 곧 삶에 긍정의 변화를 가져온다.

"마음의 그릇도 마찬가지예요. 물컵이 갈팡질팡 흔들리는데 재물이 온전히 담겨 있을 리 없죠. 마음이 편안할 때 그 안의 물도 차분하게 머무르는 법이에요. 제가 만난 수많은 부자는 대부분 돈에 대해 편안한 마음가짐을 유지하고 있었어요. 부자여서 마음이 편안한 것이 아니라 돈에 대해 가지고 있는 편안한 마음이 그들을 부자로 이끌었죠."[10]

『더 해빙』에서 말하는 돈에 대한 편안한 마음. 이것이 곧 긍정적인 마음이다. 아무런 감정도 없는 상태의 편안함이 아닌, 돈에 대한 긍정의 태도와 마음을 뜻하는 말이다. 알고 보면 성공한 사람은 성공했기에 행복한 것이 아니다. 긍정이 주는 에너지, 감사가 주는 에너지를 알았기에, 그것을 자신에게로 가져와서 에너지로 발산하다 보니 성공하고 목표를 이룬 것이다.

원하는 것을 이루어서 감사가 되는 것이 아니라, 감사의 삶을 살다 보니, 그것이 가져다주는 파동의 법칙에 따라 목표를 이루고 성공에 이른 것이다. 그런데 여전히 많은 사람은 부자가 부자여서 행복한 거라고 말하고, 부자인 이유로 여유와 평온을 가진다고 한다. 이들은 자신이 행복하지 않은 이유는 돈이 부족해서이고, 삶이 윤택하지 않아서이고, 가난한 환경 때문이라고 생각한다. 그러나 이것은 착각이다.

이에 대해 『더 해빙』의 저자들은 '해빙에 집중하면 운이 따르고, 재물의 복이 따른다'라고 한다. 여기에서 말하는 해빙은 마음가짐이자, 마음가짐에서 나오는 행동을 포함한다. 감사를 잘하고 긍정적인 마음과 태도를 보이는 사람이 목표를 이루고 성공하는 이유는 그들이 곧 해빙했기 때문이다. 마음가짐을 보통 사람과 다르게

---

10 .이서윤, 홍주연 공저. 『더 해빙』. 수오서재. 2020. p186.

가졌기 때문에 그런 것이다.

우리나라 속담 중, "가는 말이 고와야 오는 말이 곱다"라는 속담이 있다. 내가 어떤 반응을 하는가에 따라서 그에 따른 결과가 따른다는 말이다. 여기에 감사를 적용하면 이렇게 바뀐다. 감사하면, 곧 감사할 수 있는 상황이 따른다. 그렇다고 「흥부와 놀부」에 나오는 놀부의 마음으로 감사를 하면 안 된다. 복을 받기 위해서 감사하는 것이 아니라, 마음에서 흘러나오는 감사를 드러내야 한다. 감사가 일상이면 이내 곧, 감사가 따르는 삶이 이루어진다. 감사는 변화를 가져온다. 변화의 자신의 삶에 혁명을 가져온다.

마음을 지키는 것, 다스리는 것

성경에 이런 구절이 있다.

"무릇 지킬만한 것보다 더욱 네 마음을 지키라, 생명의 근원이 이에서 남이니라(잠언4:23)."

마음을 지키는 것은 마음을 잘 다스린다는 것이다. 마음을 잘 다스리는 사람이 감사할 수 있다. 살면서 감사할 수 있는 상황은 무수히 많지만, 많은 사람이 살면서 감사하지 않는다. 준비가 덜 되었기 때문이다. 감사에 대한 훈련이 안 되어있고 미성숙하기 때문이다. 변화는 이러한 요소가 두루 갖추어져야 찾아온다. 마음만 먹는다고 되는 것도 아니고 노력한다고 되는 것도 아니다.

본질을 놓쳐버리면 안 된다. 본질은 행동에 있는 것이 아니다. 본질은 '되는 것'에 있다. 즉, 이러이러한 사람이 되는 것이 핵심이다.

행동 자체에 집중하다 보면 미션을 수행하고도 왜 결과물이 나오지 않을까 하고 불평한다. 숙제했다고 공부를 잘하는 것일까? 아니다. 공부를 잘하는 사람으로 변해가야 공부를 잘하는 것이다. 문제를 많이 풀었다고 해서 공부를 잘하게 될까? 아니다. 공부를 잘하는 사람이 되어가야 한다. 감사를 얼마나 많이 해야 할까에 집중하지 말고 감사가 삶이 되는 사람이 되어야 한다.

감사 자체가 변화를 가져다주는 것이 아니라, 감사하는 삶을 살다 보면 감사가 따르는 열매들이 맺기 시작하면서 변화가 찾아온다. 표면적인 모습과 행동에 집중하지 말고, 존재가 되는 것에 집중하자. 핵심은 실행(Doing)이 아니라 존재(Being)이다.

감사의 본질

부정적인 감정은 특별한 이유 없이 우리 삶에 스며든다. 어느 순간 갑자기 나타나 우리를 상습적으로 괴롭히며 인생의 빛나는 순간을 망쳐버린다. 이러한 감정은 주로 만족스럽지 않은 현재 상황이 계속할 것이라는 좌절이나, 미래에 대한 불신과 두려움에서 생긴다.[11]

우리 삶에서 부정적인 감정은 끊임없이 찾아온다. 예고 없이 찾아오기도 한다. 어떻게 할 것인가? 부정적인 감정이 우리 삶을 망치지 않도록 하려면 우리는 감정의 방향을 바꾸어야 한다. 감사의 본질은 우리 감정의 방향을 바꾼다는 데에 있다. 인간이라면 누구나 자신의 삶을 지배하는 감정과 생각이 있다. 그것은 좋은 것일

---

11. 베넘 타브리치,마이클 테럴 공저.『어떻게 변화를 끌어낼 것인가?』. 코리아닷컴. 2014. p25.

수도 있지만, 좋지 않은 것일 수도 있다. 어떤 이는 선한 감정이 지배하는 삶을 사는가 하면 어떤 이는 어둡고 좋지 않은 감정이 지배하는 삶을 사는 사람도 있다. 지금 자신을 돌아보자. 그리고 질문하자.

나를 지배하는 감정은 무엇인가? 나를 지배하는 생각은 어떠한가? 만약, 대답에서 부정적인 것이 많이 나왔다면 우리는 이것을 바꾸어야 할 수행자가 되어야 한다. 더 나은 삶을 살기 원하고, 성공하기를 바란다면 말이다.

다시 한번 강조하지만, 감정의 방향을 바꾸지 않으면 부정적인 감정이 몰려온다. 그리고 부정적인 감정은 우리의 내면을 어지럽힌다. 이러한 감정을 내버려 두면 어떤 일이 벌어질까? 우리는 결정해야 한다. 그리고 우리 내면을 긍정의 감정들로 채워야 한다.

07. 나의 삶을 변화시키는 힘, 태도

남의 것을 대하는 태도

내 것이 아닌 남의 것을 대수롭지 않게 대하는 사람들이 있다. 생각보다 많은 사람이 남의 것을 소중히 여기지 않거나, 마치 내 것인 양 쉽게 대한다. 예로 이런 경우가 있다. 자신이 속한 집단의 업무 중에 발생하는 포인트나 쿠폰을 임의로 사용하는 사람. 그리고 공동체의 사유물을 자신의 사적 용도와 만족을 위해 사용하는 사람. 공동체의 모임과 관련 없는 시간에 공동체에 비치해 놓은 커피믹스 등을 챙겨 집으로 가져가는 사람이다.

이런 일은 주변에서 많이 발생한다. 의도적으로 혹은 습관적으로 이런 행동을 하는 사람이 우리 사회에는 꽤 많다. 이것이 무슨 문제이냐고 이의를 제기하는 사람도 있을 것이다. 물론 이런 행위가 공동체나 집단에 꼭 불이익을 주거나 피해를 주는 것은 아니다. 저자가 의도하는 바는 문제의 발생 여부를 따지고자 함이 아니다. 아무렇지 않게 남의 것을 대하는 태도에 관해 이야기하고자 함이다.

성공한 사람은 사소해 보이는 것에도 자신의 기준과 원칙을 저버리지 않는다. 대단하고 위대해 보이는 사람일수록 세상의 이치를 누구보다 잘 따라가며 남의 것을 소중히 여긴다. 물론, 그렇지 않은 사람도 있다. 그러나 그릇이 큰 사람일수록, 세상에 영향을 끼치는 사람일수록 그들의 삶에서 기준과 원칙을 지킨다. 그들은 작고 사소한 것, 남의 것 하나에도 함부로 대하지 않는다. 남의 것을 소중히 여기는 사람일수록 삶에서 지켜야 할 것을 철저하게 지킬 줄 안다.

일관하는 태도

위키백과에 따르면 일관성은 일관하는 성질이다. 쉽게 말해 똑같다는 말이다. 어제와 오늘이 변함이 없다. 서론이나 본론이나 결론이나 주제를 벗어나지 않는다. 이 일관성이라는 단어를 태도에 적용하면 일관하는 태도이다.

더 나은 삶을 향한 여정에서, 성공을 향한 여정에서 일관하는 태도는 매우 중요하다. 많은 사람이 일관하지 못한 모습으로 인하여 실패하고 무너지고 있음에도 실패의 원인을 다른 곳에서 찾는 경우가 있다. 그런데 엄밀히 따져보면 일관하지 못한 자신의 삶과 행동 그리고 사고방식 등으로 인해 열매를 맺지 못하는 것이 현실이다.

그동안 사람들은 앞으로 나아가지 못하는 원인에 대해 잘못된 판단을 내려왔다. 노력하지 않음으로, 집중하지 않음으로, 긍정적이지 않음으로, 자신감의 결여로, 훈련하지 않음으로…. 열거한 많은 요소에 우리는 원인을 전가했다. 그리고 이것을 수용했다. 그런데 한 번 더 생각해보자. 우리는 늘 이렇게 해왔다. 그러면서 이러한 현상을 늘 반복하고 있다. 안 되면 안 되는 이유를 찾아 전가하고, 이내 안심하다가 또 실패하면 또 전가하고 그렇게 결론을 지었다. 달라진 것이 있는가? 이러한 패턴의 반복이 가져온 것은 무엇이었는가?

우리는 제대로 된 이유를 찾지 못하면 적절한 이유에 시선을 돌리곤 한다. 마치 범인을 찾지 못하였을 때 가장 근접한 용의자를 지목하듯이 말이다.(오해는 하지 말자. 단지 예시를 통해 설명하고 있을 뿐이다.) 그런데 문제는 지금부터이다. 우리가 궁극적으로 원하는 것은 원인을 밝혀내는 것이 아니라 삶의 변화를 추구하는 것에 있다. 더 나은 삶, 성공하는 삶을 향해 나아가야 한다. 제대로 된 이유를 찾지 못하여 가장 가까울 것 같은 요소에 원인을 돌려버리면 우리는 변화의 여정을 더 진전시킬 수 없다.

일관된 태도를 지속하지 못하는 것이 문제이다. 모두가 그런 것은 아니지만, 대다수의 사람은 자신이 무엇을 해야 할지를 알고 있다. 요즘과 같은 시대에는 지식과 정보가 넘쳐나는 시대여서 무엇을 해야 할지, 무엇이 문제인지, 어떻게 해야 할지에 대한 답을 찾는 것은 그리 어렵지 않다. 노력해야 하는 것도 알고, 환경을 바꾸어야 하는 것도, 생각을 변화시켜야 하는 것도, 훈련해야 하는 것도, 습관을 길러야 하는 것도 알고 있다.

문제는 일관하지 못하는 태도에 있다. 우리는 지속해야 한다. 오늘만 열심히 하는 것이 아니라 내일도 열심히 해야 하고, 그다음 날도 열심히 해야 한다. 생각을 변화시키는 것도 마찬가지이다. 생각을 바꾸는 데에 오늘 성공했다면, 내일도 계속 이어가야 한다. 결국, 일관적인 태도를 누가 더 지속하는가에 따라 변화의 길을 갈 것인지, 제자리에서 머무를 것인지가 결정되는 것이다.

태도의 힘

『희망을 끓이는 남다른 감자탕』의 저자인 이정열 대표의 이야기에서 태도가 가져다주는 놀라운 결과를 확인할 수 있다. 그는 바닥처럼 느껴지는 삶의 환경에서 남들과 다른 태도로 주어진 환경과 맞닥뜨렸고 싸워나갔다.

> 체감하는 고통은 당장에라도 숨이 끊어질 듯 목을 조여오지만, 사실 그것은 내가 만들어 낸 허구에 불과하다. 그리고 모든 역경과 고통에는 반드시 기회와 희망을 숨겨둔다. 그것을 찾느냐, 찾지 못하느냐는

내 몫이다. 삶이 매력적인 이유는 이런 반전의 묘미 때문일 것이다.[12]

고통이 느껴지는 현실, 암울한 미래, 더는 내려갈 곳 없는 바닥 같은 환경 속에서 그는 태도를 달리한다. 여차하면 삶을 포기할 듯도 한 인생의 막다른 곳에서 그는 희망 한줄기를 붙잡기로 한다.

내 삶이 가장 고달팠던 그때 가장 힘들고 거친 밑바닥을 시작점으로 선택한 것이 신의 한 수였다. 죽을 것 같았던 가장 밑바닥에서, 살 수 있는 희망을 건져 올린 것이다.[13]

괴로움의 시간이 찾아오면 누구라도 절망 가운데 자신을 던지고 싶고 도망치고 싶을 것이다. 자신의 미래를 훤히 내다볼 수 있는 사람은 누구도 없다. 미래를 다녀오지 않고는 자신의 미래가 어떻게 펼쳐질지에 대해 확언할 수 없는 것이 인생이다.

중요한 것은 삶을 대하는 태도와 마음가짐이다. 죽을 것 같고, 실낱같은 희망이 사라진 것 같아도 인생은 예정되어 있지 않다. 지금, 이 순간이 바닥 같을지라도 먼 훗날 자신이 성공한 사업가나 법조인이 될 수도 있는 것이다.

막노동 삶을 살다가 서울대에 수석 합격해 화제가 되었던 장승수[14] 변호사를 기억하는가? 그는 『공부가 가장 쉬웠어요』라는 책

12. 이정열. 『희망을 끓이는 남다른 감자탕』. 성안당. 2017. p24.
13. 위의 책, p27.
14. 장승수. 『공부가 가장 쉬웠어요』. 김영사. 2004.

을 통해 포기하지 않는 인생에 관한 교훈을 던져준다. 학창시절에 공부를 잘했던 것도 아니다. 공부는 뒷전으로 하고, 친구들과 놀러 다니며 싸움질이나 하던 그는 어느 날 자신에 대해 성찰을 하게 된다. 그리고 미래에 대해 고민한다. 그리고 시작한 것이 공부. 공부를 제대로 해본 적 없는 그가 공부하기로 마음을 먹는다. 그리고 얻은 결과는 서울대 수석합격. 그의 이야기가 우리에게 전해주는 건 바로 태도이다. 자신을 바라보는 태도와 삶을 바라보는 태도. 이것이 달라지면 삶은 우리를 예상하지 못했던 미래로 데려다준다.

08. 자제력 · 통제력 · 인내력을 배양하는, 인성

인지심리학자 김경일 교수의 강연에서 들은 내용이다. 공부를 아주 잘하는 학생, 그러니까 전교 1등인 학생을 관찰하다 보니 발견되는 특별한 모습이 있었다고 한다. 그것은 누구에게나 똑같이 대하는 친절함이었다. 대개 공부 잘하는 학생은 누군가가 질문하면 두 가지 양상으로 반응한다. 친절하게 설명하거나 귀찮아하거나. 그런데 공부를 정말 잘하는 전교 1등인 학생은 거의 대다수가 친절하게 설명하더라는 것이다. 이른바 그들은 '이타성'을 가진 학생들이었다.

저자는 오래전부터 사람을 변화시키는 요인에 대해 꾸준하게 살펴보고 연구해왔다. 사람들이 쉽게 변화하지 못하는 이유에 대해 꾸준하게 질문하면서 답을 찾고자 했다. 오랜 시간 책과 강의, 그리고 사람들을 관찰하던 중, 한 가지 중요한 사실을 알게 되었다. 그것은 노력에 대한 것도, 그릿에 대한 것도, 긍정심리에 대한 것도 아니었다. 그것은 곧 '인성'이었다.

EBS에서 다뤄진 다큐프라임의 한 내용이다. 무엇이 사람을 바꾸는지에 대한 내용을 다루는 다큐멘터리였는데, 여기에서 다뤄졌던 실험들이 참 놀라웠다.

실험은 두 그룹으로 나누어서 진행되었다. 도덕성 지수가 높은 그룹과 도덕성의 지수가 낮은 그룹의 아이들로 나눈 뒤에 실험을 진행하고 아이들의 반응을 살펴보았다. 이 게임에는 지켜야 할 규칙이 있었다. 게임을 진행하기 전에 진행자는 규칙을 먼저 설명하고 실험을 진행하는 도중에 전화를 받는 척하면서 자리를 비웠다. 결과는 어땠을까?

도덕성의 지수가 높은 아이들로 구성된 A그룹의 아이들은 진행자인 선생님이 나가도 규칙을 지켰다. 반면에 도덕성의 지수가 낮은 B그룹의 아이들은 진행자가 나가자마자 바로 규칙을 어겼다. 당연히 시험의 결과는 B그룹의 아이들이 좋게 나왔다.

이어진 실험이다. 교실 책상에 앉아서 문제를 푸는 실험이었는데, 문제에 대한 힌트가 있는 책이 바로 가까이에 있었다. 물론 책을 펼쳐보면 안 된다는 규칙을 주었다. 실험이 시작되자 전의 실험과 마찬가지로 급한 일이 생겼다며 진행자가 자리를 비웠다. 게임의 결과는 어땠을까?

A그룹의 아이들은 이번에도 모든 아이가 규칙을 따랐다. 반면에 B그룹의 아이들은 거의 모든 아이가 진행자가 나가자마자 바로 책을 펼쳐보았다. 이 실험은 자제력에 대한 정도를 테스트하는 실험이었다. 결과는 예상한 대로 나타났다. 도덕성의 지수가 높은 아이들은 자제력 점수가 높았다. 내면의 힘이 결과로 나타난 것이다.

내면의 힘은 여러 가지로 나뉠 수 있다. 자신감과 긍정적인 마음 등 여러 가지가 있지만, 이에 못지않게 중요한 요소가 인성임을 밝히고자 한다.

인성이 좋다는 것이 성공하고 무슨 관계가 있을까 하는 사람들이 있을 것이다. 성공과 관계가 있다고? 삶의 변화와 연관성이 높다고? 결론적으로 인성은 삶에 미치는 영향이 지대하다는 것이 드러났다. 인성이 좋다는 것은 자신에 대한 자제력·통제력· 인내력이 좋다는 것과도 연결된다. 다른 사람에 대한 관용도 좋아서 타인의 이야기를 쉽게 흘려보내지 않는다. 수용성과 흡수력이 좋다는 말이다. 물론, 이것이 꼭 연결고리가 있는 것은 아니다. 세상에는 예외인 사람이 반드시 존재한다. 절대적인 법칙이 아니다. 그러나 인성을 훈련하면 성공에 대한 여정에서 누구보다도 인내할 가능성이 크며, 오래 꾸준하게 달려갈 수 있으리라는 것은 의심할 여지가 없다.

09. 위대한 변화는 질문에서 시작한다.

교육은 백년지대계(百年之大計)라고 한다. '먼 앞날까지 내다보고 세우는 큰 계획'이라는 뜻이다. 교육의 중요성을 일찌감치 받아들인 나라들은 국가의 미래를 위해 가장 중요하게 다뤄져야 할 영역이 교육이라고 보았다. 그리고 이런 나라에서 다뤄지는 교육현장을 보면 항상 질문하는 모습이 등장한다. 강의 중에 서슴없이 질문하는 학생들, 우리나라의 교육현장에서는 쉽게 찾을 수 없는 현상이다.

언제부터인가 우리는 질문을 마치 해서는 안 되는 것처럼 너무 아끼면서 살고 있다. 그러나 질문하지 않으면 개인도, 사회도, 국가도 발전할 수 없다. 세상에 존재하는 거의 모든 것은 질문이 있었기에 만들어졌다고 해도 과언이 아니다. 질문은 이렇게 위대한 결과를 우리에게 선물한다. 질문이 없으면 창조되는 것도, 발견되는 것도 없다. 인간은 우연히 태어나서 우연히 경험하고 우연히 생을 마감하는 것이 아니다. 우리는 어린 시절부터 질문을 달고 산다. 태어나서 세상에 경험되는 모든 것이 신기할 무렵, 질문은 아이들을 대변하는 특징으로 자리 잡았다. 어린 시절을 떠올려 보자. 세상의 모든 것이 신기하고 궁금하지 않았던가?

질문이 없으면 삶은 그만큼 별 볼 일 없는 인생이 되어버린다. 눈뜨면 일어나서 먹고 자고 일하고 그렇게 시간을 보내다 하루를 마감하는 삶에 변화를 주길 원한다면 질문해야 한다. 질문이 없으면 변화가 없고 무의미한 사람이 되어버린다. 반면에 질문이 많을수록 변화가 이루어지고 인생에는 하나둘 의미가 덧붙여진다.

우리가 더 나은 삶을 살길 원한다면 질문해야 한다. 질문이 많아지고 깊어질수록 우리 사고력도 좋아진다. 한양대학교 교육공학과 유영만 교수는 생각에 대해 이렇게 말했다.

"생각을 깊이 하면 고찰이 되고, 고찰에서 생각을 더 깊이 하면 통찰이 되고, 통찰에서 생각을 더 깊이 하면 성찰이 됩니다."

우리가 질문해야 하는 이유는 단지 답을 얻기 위해서가 아니다. 통찰에 이르는 답을 얻기 위해서이다. 통찰이 없으면 지혜가 따르지 않는다. 지혜가 따르지 않으면 삶의 도약은 찾아오지 않는다. 그래서 우리는 질문해야 하고, 깊이 있는 질문을 해야 한다.

하브루타

유대인들의 독특한 학습방법을 나타내는 '하브루타(havruta)'라는 말이 있다. 하브루타에 대해 위키백과에서는 다음과 같이 설명한다.

> 하브루타(Chavrusa, chavruta, havruta)는 유대인의 전통적 학습방법이다. 문자적 의미는 우정, 동료 등을 뜻한다. 예시바(yeshiva) 및 코렐(kollel)에서 주류적 학습법이다. 교사-학생 간의 관계와 달리, 하브루타 학습에서는 각자가 분석하고 자기 생각을 조직화하여 상대방에게 설명하며 상대방의 이야기를 듣고 질문하면서, 때로는 전혀 새로운 관점을 발견하기도 한다.

유대인들은 '예시바'라는 전통적인 학습기관에서 공부한다. 이곳에서 유대인은 하브루타 방식으로 열띤 토론을 전개한다. 얼핏 보면 마치 싸우는 것같이 큰 목소리로 상대방에게 자기 생각과 의견을 내놓는다. 상대방의 주장이 받아들여지지 않으면 그들은 계속해서 질문하고 질문한다. 이런 공부법은 결과론적으로 놀라운 모습을 만들어 냈다. 유대인은 전 세계에서 노벨상을 가장 많이 받은 민족이자, 세계 경제계에서 막대한 부를 창출하고 있는 민족이다.

유대인의 질문하며 토론하는 공부법을 배워야 한다. 우리가 삶에서 얻고자 하는 바가 있다면 질문해야 한다. 성공하기를 바란다면 끊임없이 질문을 던져야 한다. 질문이 우리 내면에서 계속된다면 우리는 질문에 대한 답을 찾기 위해 계속해서 달려갈 것이다. 궁극적으로 질문이 우리 삶을 윤택하게 하고 더 높은 차원으로 도약하도록 만들어 줄 것이다.

노력도, 몰입도, 신념과 가치관도, 생각도 모두 질문에서부터 출발해야 한다. 무엇을 해야 하는지, 어떻게 해야 하는지, 어떤 의미가 있는지에 대해 질문을 먼저 해야 하고, 질문에 대한 답이 찾아지면 그 다음으로 노력과 행동, 생각을 접목하면 된다.

질문의 힘, 확장

질문이 가진 힘은 그것이 '확장'이라는 효과를 가져다주기 때문이다. 질문하고 질문하다 보면 생각의 사고체계가 확장된다. 질문만으로도 사고체계 안에서 움직임이 발생하는 것이다. 질문을 계속하다 보면 그것이 곧 통찰이 되고 성찰이 되어서 깨달음이 생긴다. 이내 곧, '철학적 사고'의 단계까지 접근한다. 고대의 현자들이 인생에 대해, 인간에 대해 깨달음을 얻은 것도 출발은 질문이었다.

더 나은 삶을 향해 질문을 던져보라. 깨닫지 못한 것에 대한 깨달음이 생기고, 누군가 알려주지 않아도 지혜를 찾는 놀라운 경험을 하게 될 것이다.

본래 성공이란, 개별적인 요소로 설명할 수 없다. 수학에서 모든 단원이 개별적으로 존재하는 것처럼 보이지만, 깊이 파고들면 뿌리에서부터 모든 내용이 연결되어 있음을 알수 있다. 성공도 마찬가지이다. 많은 책에서 실행을 다루고, 노력을 다루고, 인식과 생각을 다루고, 학습과 훈련을 다루고 있어도 궁극적으로는 이 모든 것이 하나의 틀 안에서 연결되어 있다.

뇌과학자들의 연구에 따르면 인간은 한평생을 살면서 자기 뇌의 5%밖에 사용하지 못한다고 한다. 실로 놀라운 결과 아닌가? 50%도 아닌 5%라니 말이다. 우리는 우리가 가진 뇌의 사용 능력을 더 늘려야 한다. 그러는데 필요한 것이 질문이다. 질문을 우리 삶에서 계속하면 우리 뇌에서는 사고체계를 작동시킨다. 다음의 내용을 보자.

'뇌 가소성'이란 용어의 정의대로라면 우리는 매일 매 순간 우리의 뇌에 변화를 가할 수 있고, 새로운 환경에 뇌를 적응시킬 수 있다. 이제 과학자들은 인간의 뇌에 '재생' 성질이 내재한다는 사실을 인정했다. 인간의 뇌는 초기에 확정된 프로그램대로 작동하는 기계가 아니다. (중략) 현재 과학기술은 인간의 마음이 뇌의 활성화된 뉴런을 통해 어떤 일을 하는지 확인하기에 이르렀다. 심지어 양자역학 기술을 통해 과거에는 알아내지 못했던 '마음의 주된 기능' 곧 '생각'과 '선택'을 측정하기도 한다.[15]

캐롤라인 리프는 우리의 뇌가 변할 수 있다고 말한다. 실제로 뇌과학 연구를 활발하게 진행하면서 뇌의 수많은 기능이 밝혀졌다. 뇌를 어떻게 작동시킬 수 있는지에 관한 연구 결과도 나왔다. 우리는 뇌를 변화시킬 수 있다. 그 말인즉슨 뇌를 발전시킬 수 있다는 뜻이기도 하다. 우리 뇌의 사용량을 더 늘릴 수만 있다면 우리 삶에는 놀라운 일들이 벌어질 것이다. 우리는 뇌의 사용법을 익히기만 하면 된다. 바로 질문과 함께 말이다.

10. 삶을 전진하게 하는 힘, 비전

비전 없는 성공이 없고, 비전 없는 발전도 없다. 위대한 기업일수록 비전이 명확하며 목표는 뚜렷함을 확인할 수 있다. 비전이 있고 목표가 있다는 것은 가야 할 방향을 안다는 말과도 같다. 목표와 목적을 정하면 그에 맞추어 체계적으로 실행할 수 있다.

음식을 만들 때도 마찬가지이다. 무엇을 만들 것인지 정하고 나

---

15 캐롤라인 리프. 『뇌의 스위치를 켜라』. 순전한나드. 2015. p21.

면 그에 따라 재료를 선택하고 조리법을 선택한다. 여행지를 정하고 나면 이후부터는 구체적인 준비를 할 수 있다. 비전과 목표는 그래서 필요하다. 내일의 목표가 정해지면 오늘의 하루가 달라진다. 반면 내일의 목표가 없는 오늘의 하루를 맞이하면 그저 주어진 하루를 흘려보내는 데에서 벗어나지 못한다.

목표가 있고, 비전이 있으면 삶에서 많은 것이 달라진다. 먼저 생각이 달라진다. 생각의 방향이 정해지고 생각의 질이 달라진다. 불필요한 요소를 제거하고 필요한 생각에 집중한다. 두 번째로 행동이 달라진다. 비전이 생기면 비전을 이룰 행동을 떠올리고 이에 맞추어서 실행한다. 물론 이러한 프로세스가 이상적으로 작동하는 것은 아니다. 앞서 언급했듯이 모든 과정에는 제반 요소들이 내재하여 있다. 단지 비전이 있고 목표가 있다고 하여 노력이 따르고, 생각이 따르고, 행동이 따른다는 말이 아니다. 각각의 개별적인 요소에는 사람마다 차이가 있기 마련이다. 살아온 방식이 다르고, 신념이 다르고, 가치관이 다르기 때문이다. 노력 여하도 다르고 습관도 다르기 때문이다.

비전 없는 삶과 비전 있는 삶은 무엇이 다를까? 이것은 마치 '사랑'에 빠졌을 때의 찾아오는 변화와 같다고 볼 수 있다. 인간이 사랑에 빠지면 우리 몸 안에서 평소와 다른 호르몬을 배출한다. 평소와 다른 에너지가 나오는 것이다. 비전이 있다고 하는 것은 비전과 사랑에 빠졌다고 볼 수 있다. 어떻게 되겠는가? 비전이 이내 갈망을 만들어 내고, 열정을 샘솟게 한다.

『에이트: 씽크』를 집필한 이지성 작가는 고백한다. 아버지의 연대 보증인이 되어 지게 된 4억 원의 빚, 그리고 미친 듯이 불어나는 이자로 인해 20억 원이 넘는 빚을 떠안게 되었다. 그는 이러한 상황에서 비상하고 싶었다고 고백한다.

눈부시게, 아름답게, 위대하게 이 사회의 정상으로 날아오르고 싶었다. 나도 모르게 입술을 깨물었다. 그리고 이렇게 다짐했다.

'그래, 이제 진짜 베스트셀러 작가가 되자. 어마어마한 인세를 받아서 빚도 정리하고 내 영혼이 원하는 길을 가자!'

마음속으로 이 다짐을 수십 번 하고, 이미 꿈이 이루어진 미래를 생생하게 머릿속에 그리고 나니 발걸음이 절로 가벼워졌다. 비로소 발뒤꿈치에서 통증이 사라졌다. (중략) 내면 깊숙한 곳에서는 거대한 변화가 일어나고 있었다. 나는 그 몇 달 동안 마치 미친 사람처럼 자기계발 서적을 읽으면서 새로운 미래를 설계하고 있었기 때문이다.[16]

이지성 작가는 젊은 시절의 암울한 현실에서 벗어나고자 했고, 베스트셀러 작가가 되기로 마음을 먹는다. 결과는 어떻게 되었을까?

작가로서 인생에서 가장 절박했던 때, 그리고 자기계발 서적과 인문학 서적에 가장 치열하게 몰두했던 2007년, 나는 그해 한 해 동안 무려 7권의 책을 썼다. 이 중 두 권이 초대형 베스트셀러가 됐다. 그 인세로 빚을 모두 정리했고, 가족을 한집에 모을 수 있었다.[17]

---

16. 이지성. 『에이트: 씽크』. 차이정원. 2020. p146-147.
17. 위의 책, p152.

이는 명확한 목표가 있었기에 가능한 일이었다. 단순히 베스트셀러 작가가 되겠다고 마음을 먹어서 꿈을 이룬 것이 아니다. 많은 사람이 어린 시절부터 꿈에 대해 잘못된 생각을 품게 되는 경우가 있는데, 이는 수정되어야 한다. 꿈이 있어서, 비전이 있어서 그것을 이루게 되는 것이 아니라 명확한 꿈과 비전이 있을 때, 그것을 구체화할 수 있을 때, 꿈에 다가서게 되는 것이다.

목표를 세울 때는 그래서 장기 목표와 단기 목표로 나누어서 세워야 한다. 이를테면 10년 뒤에 무엇을 하겠다는 것은 장기 목표이다. 그리고 10년 뒤의 목표를 위해 수일 혹은 수개월 안에 무엇을 해야겠다고 하는 것은 단기 목표이다. 꿈은 목표와 같이 가야 한다. 거시적으로는 꿈을 향해 나아가지만, 미시적으로는 목표를 이루면서 가야 거시적 꿈은 이루어진다.

11. 자기 주도의 힘

저자는 일전에 교육업에 몸담았던 적이 있다. 직접 학원을 운영했었다. 이때의 경험을 토대로 저자는 '성공과 변화'에 있어서 가장 중요한 것이 무엇인가를 깨달았다. 일반적으로 사람들은 변화를 떠올리거나 성공에 이르는 삶에 대해 궁금할 때 법칙을 찾곤 한다. 이것은 비단 성인에게만 해당되지 않는다.

학원을 운영할 때의 일이다. 많은 학생이 공부를 잘하고 싶다는 마음으로 저자를 찾아온다. 그러면서 다음과 같은 질문을 던진다.

"어떻게 하면 공부를 잘할 수 있어요?"

공부를 잘하는 방법, 잘하는 비법, 공부의 왕도 등 공부에 대한 지식과 정보는 키워드만 다를 뿐 인터넷에도 비일비재하게 널려 있다. 그만큼 사람들이 궁금해한다는 방증이다.

학생과 학부모를 상담할 때 저자는 으레 다음과 같이 질문한다.

"수업하면서 학생과 선생의 역할을 어떻게 생각하세요?"

이 질문에 대하여 각자의 생각을 말해보자. 대부분의 학부모는 50:50의 비율이지 않겠느냐고 한다. 맞는 말일까? 많은 사람이 이 대답에 동의하는 경우가 적지 않다. 그런데 실상, 이것은 맞는 대답이 아니다. 한 번은 사교육 현장에 수십 년간 몸담았던 어느 강사가 인터넷에 '사교육의 실상'이라는 글을 올려서 크게 쟁점이 된 적이 있다. 저자는 그의 발언이 사교육 시장에 적지 않은 타격을 주었으리라 생각한다.

많은 학부모님이 생각하시는 바는 많이 틀렸습니다. 그리고 많이 와전되어 알려진 사실이 있습니다. 사교육은 꼭 필요한 것이 아닙니다. 더군다나 어릴 때부터 사교육에 자녀를 맡기실 필요는 더욱 없습니다. 공부할 시기는 누구에게나 찾아옵니다. 공부를 잘하는 학생이던, 공부를 못하는 학생이던 상관없이 어느 때가 되면 공부에 대해 심각하게 받아들이는 때는 누구에게나 찾아옵니다. 이때가 공부를 본격적으로 시작할 때입니다. 굳이 이때가 찾아오기 전에는 사교육은 할 필요가 없다는 말씀을 드리고 싶습니다. 공부는 자기가 주도적으로 해야 합니다. 공부에서 자기가 주도적이 되지 못한 채, 사교육 커리큘럼에 따라가는 공부는 효과를 보지 못합니다.

사교육을 멈추십시오. 다만, 자기 주도로 공부할 시기를 앞당길 수 있도록 거기에만 초점을 맞추십시오. 어느 학생이든 스스로 공부해야겠다고 하는 때는 반드시 찾아옵니다.[18]

사교육에 종사하는 사람이 사교육은 필요 없다는 발언을 하다니, 사교육 시장에서는 천지가 개벽할 정도의 발언이었다. 그러나 이 이야기에는 숨겨진 핵심이 있다. 사교육은 절대적으로 필요치 않다는 것을 말하는 내용이 아니다. 위 발언은 사교육 시장을 겨냥하는 말이 아니라, 공부의 방향에 대해 언급하고 있는 것이 핵심이다. 무슨 말인가 하면, 공부에 있어서 자기 주도학습이 되지 않는 한, 그것이 비자발적으로 이루어진 것이라면 효과는 사라진다는 말이다. 미미하다는 말이다. 저자는 학생이나 학부모를 상담할 때도 꼭 이 이야기를 들려주었다.

"수업에서 선생의 역할은 10% 정도에 불과합니다. 나머지는 학생의 역할입니다."

실제로 그렇다. 학생의 역할이 나머지를 차지한다고 말한 것은 그가 배움의 주체이자, 공부의 주체이기 때문이다. 그래야 성장한다. 그래야 열매를 맺는다. 한국식의 교육이 실패한 원인은 바로 조기 주도가 아닌, 비자발적 교육에 의한 주입식 교육을 해왔기 때문

18. 이 내용은 저자의 기억에 따라 각색하였음.

이다.

교육에서 주입식이 아닌 자기 주도의 학습으로 일찌감치 방향을 틀었던 나라들은 그 효과를 톡톡히 보고 있다. 노벨상 수상자를 많이 배출하는 나라와 민족일수록 자기 주도학습의 열매였다는 것을 증명한다. 토론문화가 강점인 유대인에게서 이런 모습은 더욱 극명하게 나타난다.

통계에 따르면 1901년 노벨상이 제정된 후 2015년까지 노벨상을 받은 총 1,082명 중 약 30%가 유대인이다. 특히 노벨 경제학상은 전체 수상자의 약 42%를 유대인이 차지했고, 물리학상과 생리학상에서는 수상자의 30%가 유대인이다. 세계 인구의 0.2%에 불과한 유대인이 노벨상을 휩쓸었다. 이스라엘의 수도 텔아비브 시내에 노벨상 수상자들의 업적을 기리는 '노벨상 거리'까지 있다고 하니 매우 놀라운 일이 아닐 수 없다. 이는 그들만의 독특한 교육문화에서 비롯됐다.

12. 학습의 힘, 배움의 힘

논어 1장 1편에 '배우고 때때로 그것을 익히면 기쁘지 아니한가?(學而時習之 不亦說乎) 라는 문구가 나온다. 해석에 따르면 여기서 '때때로'는 기회가 될 때마다이다. 왜 기회가 될 때마다 배워야 할 것을 언급했을까? 그것은 충분조건이기 때문이다. 배움 자체가 기쁘고 행복한 일이기도 하지만, 배워야 기쁘고 행복할 수 있다는 뜻이기 때문이다.

배울수록 강해진다. 그뿐만이 아니다. 배울수록 보는 눈이 생기고 통찰력이 생긴다. 이 책의 서두에서 설명했듯이 인생도 경영하는 것이고, 자신도 경영하는 것이다. 그렇다면 경영 방법과 경영 철학이 있어야 한다. 어떻게 얻을 수 있겠는가? 바로 배움을 통해서이다.

더 나은 삶을 살고자 한다면, 기획안이 있어야 한다. 건물을 지을 때도 무작정 시작하지 않는다. 준비된 기획안이 있고 설계도가 있어야 제대로 된 건물을 짓는다. 성공한 사람은 그들만의 기획안이 있었다. 보이지 않는 미래의 삶을 살아간 것이 절대 아니다. 그들은 기획안을 따라 눈 앞에 펼쳐질 삶을 살았다. 배움이란 그래서 중요하다. 배우지 않으면 삶을 설계할 수 없다.

학습은 변화와 성장, 그리고 성공에 이르는 삶에 있어서 반드시 채워야 하는 과정 중의 하나이다. 인류의 역사가 시작된 이래, 끊기지 않고 지속하여 온 것이 있다면 바로 학습이다. 배움이다. 학습했기 때문에 진리를 찾을 수 있었고 지식을 넘어 지혜를 얻을 수 있었다. 선진국일수록 교육에 집중하는 이유도 바로 이런 이유에서이다. 교육을 통해 국가의 미래를 설계하기 때문이다.

독서의 힘

학문적으로 배우는 것만이 학습은 아니다. 배움은 보다 근원적인 접근을 말한다. 우리가 수학을 배우고 과학을 배우고 경제를 배우고 하는 이유는 지식을 쌓기 위함이 아니라 지식을 통해 통찰에 이르고, 얻은 통찰을 기반으로 개인의 삶과 가정에, 사회와 나라에, 세상에 적용하기 위해서이다. 더 나은 개인의 삶을 떠나 더 나은 세상을 만들고자 함이다. 인류의 역사 이래 등장한 수많은 학자와 현자들의 삶을 들여다볼 때, 그들이 일평생 진리를 갈구했던 이유는 개인의 궁금증을 해소하기 위함도 있었겠지만, 궁극적으로는 깨달음을 통해 인류에게 전달하고자 했던 뜻이 더 크다.

그래서 우리는 그들의 책으로 들어가서 그들의 깨달음에 접근해야 한다. 시대를 아우르는 현자들의 이야기를 통해 현재를 관통하는 지혜 속으로 들어가야 한다. 더 나은 삶을 바란다면 우리는 그렇게 해야 한다. 먼 훗날의 미래가 현재에 찾아오기를 갈망한다면 우리는 배워야 한다. 진리를 발견하고 지혜를 얻어야 한다. 현대에 와서 인문학을 강조하는 이유는 지식을 넘어 진리에 도달하고자 함이며, 개인의 삶을 아우르는 지혜를 통해 세상을 바꾸고자 하는 뜻이 있기 때문이다.

미래를 준비하는 학습

우리가 배워야 할 또 다른 이유가 있다. 다가올 미래 사회를 대비하기 위해서이다. 오늘날과 같이 급변하는 사회에서는 배움이 더디면 따라가지 못하는 정도가 아니라, 도태될 것을 걱정해야 한다. 일각에서는 몇 년 안에 인간이 인공지능에 자리를 내어주는 일이 도래하리라 전망한다. 이것은 공상이 아니다. 현재에 벌어지고 있는 일이며 실제로 미국에서는 인공지능이 이미 인간의 자리를 대신하여 업무를 처리하고 있다. 이와 같은 현실을 바라보지 못하고 태연하게 세상을 마주하면 어떤 일이 벌어질까?

준비하는 자에게는 밝은 미래가 찾아올 테지만, 그렇지 않은 자에게는 그늘진 어둠만이 찾아올 것이다. 이미 현실은 이전에 생각하지 못했던 세상이 펼쳐지고 그 변화의 속도는 상상을 초월하고 있다. 이런 현실을 망각하고 살아간다면 모를까, 부딪히고 적응하며 살아가야 할 우리에게 배움은 선택의 영역이 아니라 필연의 영역이다.

그렇기에 우리는 배워야 하고 우리가 삶에서 배움을 실천할 가장 큰 수단은 바로 독서이다. 사람은 책을 만들고 책은 사람을 만든다는 이야기가 있다. 독서가 주는 위대한 힘은 바로 여기에 있다. 책이 사람을 만들고 그 사람이 세상을 이끌어간다.

4장

채움의 가지 뻗기

01. 당연한 이치, 성공한 사람들의 특징

성공한 사람의 강연이나 책을 접할 때, 사람들에게 흔히 두 가지 양상이 나타난다. 급격한 변화를 이루거나 혹은 변화가 더디거나 도태되는 것. 왜 이러한 결과가 나타나는 걸까? 영재 발굴단에서 영재들을 만나는 노규식 전문의[1]는 영재가 가진 두 가지 공통점을 발견하고 이렇게 얘기한다.

"아무도 그들을 가르쳐준 사람이 없습니다. 그들은 자기가 관심 있는 것을 찾고 관심 있어 하는 것에 열중합니다. 두 번째로 그들은 자주 생각하는 모습을 보입니다.

영재는 어떤 것에 관해 지식을 기억하고 아는 것에서 끝나는 것이 아니라 내가 알고 있던 지식과 새로 알게 된 지식 사이에 어떤 관계가 있지? 이건 왜, 이렇지? 그렇다면, 저것은 뭐지? 하며 생각과 질문을 계속합니다."

성공한 사람이 영재는 아니지만, 성공한 사람과 영재 사이에는 공통점이 있다. 그들은 '자신이 받아들이는 것'을 중시한다. 아무리 좋은 이야기를 듣고, 좋은 강연을 듣고, 좋은 책을 읽어도 자신이 그것을 받아들일 준비가 되지 않으면 그것이 체화될 때까지, 내 것

---

1. 노규식; 연세 휴 클리닉 원장. 노규식 공부 두뇌연구소와 함께 두뇌 맞춤형 학습법 교육과 코칭을 통하여 자기 주도적으로 공부하여 성적을 향상할 수 있는 구체적 솔루션을 제공한다.

이 될 때까지 노력을 멈추지 않는다. 그래서 채움이란 자신이 해야 할 몫이다.

또한, 채움의 과정은 내가 변화되지 않는 이유를 설명한다. 내 안에 버려야 할 것이 많고 바꿔야 할 것이 많은데, 그대로 내버려 두고 있다면 더 나은 삶을 향해 나아갈 수 없다. 당연지사 꿈꾸는 미래는 찾아오지 않는다.

학생을 가르치다 보면 조그마한 교실에서 이런 상황이 빈번하게 일어나는 것을 볼 수 있다. 같은 이야기를 해도 늘 그대로인 학생이 있는가 하면 자극을 받아 생각을 바꾸고 선택을 바꾸어서 발전하는 학생이 있다. 이들은 자신이 바뀌어야 한다는 것을 알고 있다.

일본의 부자 사이토 히토리[2]는 이렇게 말한다.

"남자는 여자를 좋아하고, 여자는 옷 사는 것을 좋아하는 것은 당연한 이치(理致)이다. 이 같은 이치를 거부하면 불행해질 수 있다. 따라서 불행하지 않기 위해서(남자가 여자를 좋아하는 것과 같은) 인간의 당연한 이치를 받아들여야 불행해지지 않는다."

세상에는 당연한 이치가 있다. 부자가 되는 것에도 분명한 법칙과 이치가 존재한다. 법칙이 특별함을 설명하는 것이라면 이치는 보편성을 설명한다. 우리 삶에 있어서 법칙과 이치는 항상 존재한다.

가령, 자신을 바르게 인식하는 것은 이치에 해당한다. 자신에 대한 인식이 잘못되거나 무지한 사람은 공부를 잘하거나, 관계를 잘

---

2 사이토 히토리: 기업 긴자 마루 칸의 창업자이자 기업인. 저술가. 1993년부터 2005년까지 12년간 납세액 1위를 여러 번 기록한 적이 있는 거부(巨富). 저서로 『부자의 인간관계』, 『상위 1% 부자의 통찰력』, 『돈의 진리』, 『부자의 행동습관』 등이 있다.

맺거나, 성공하는 일은 발생하지 않는다. 당연한 이치이다.

상황과 환경을 성공의 요인으로 생각하는 사람이 많다. 상황과 환경은 실제로 우리 삶에서 얼마나 영향력을 주고 있을까? 이 책의 3장에서 자극과 반응에 관해 설명했다. 상황과 환경은 자극의 범주를 확대한 것과 같다. 크고 작은 자극들의 집합체가 상황과 환경을 만드는 것이다. 그러므로 우리는 발생하는 자극에 맞서 반응과 선택을 잘해야 한다.

우리가 매 순간의 자극에 반응할 때, 상황과 환경에 대해 성공을 가져오게 반응해야 한다. 환경 자체가 중요한 것이 아니라 주어진 환경에서의 반응이 중요하다. 그리고 이러한 반응에는 어떠한 선택을 할 것인지에 대한 것도 포함된다. 그리고 이러한 일련의 미션은 누군가에 의해서 행해지는 것이 아니라 오로지 자신의 몫이므로 스스로 수행하여야 한다. 결국, 성공이란, 삶에서 주어진 미션을 수행할 때 찾아오는 것이다. 마치 흩어져 있던 퍼즐이 미션을 수행함에 따라 맞추어지는 것처럼 말이다.

02. 변화의 시작, 관찰

모든 것이 똑같거나 다른 것이 아니라면 어떤 것은 똑같고 어떤 것은 다르다. 다름을 인정하지 않으면, 다른 것이 보이지 않고 같은 것을 인정하지 않으면 같은 것이 보이지 않는다. 아래는 저자의 경험이다.

저자는 목표를 이룬 사람이 궁금했다. 그들이 어떻게 해서 성공했는지, 어떻게 해서 목표를 이뤘는지 알고 싶었다. 그들에게 어떤 특별한 것이 있는 것은 아닐까? 혹시 숨기고 있는 어떤 핵심이 있는 것이 아닐까?

영어를 잘하고 싶은 마음에 영어공부에 관련된 책을 여러 권 구입하고, 학원에서 수업을 들었다. 그러나 섣부른 시작은 시간을 허투루 보내게 할 뿐이다. 많은 사람이 삶을 살면서 꽤 많은 것에 도전한다. 그런데, 그들은 모두 목표를 이루었는가? 성공에 도달했는가? 도전하고 또 도전하고, 노력하고 또 노력해도 쉽게 찾아오지 않는 변화. 우리는 매번 똑같은 결과 앞에서 이내 낙심하기에 이른다.

저자는 이전의 불타오르던 소망을 잠시 내려놓고 특별할 것 없는 평범한 일상을 보내고 있었다. 꿈은 내가 버리지 않는 한 쉽게 사라지지 않는다. 단지 다음 타석을 뒤에 남겨 놓을 뿐이다. 자리를 이탈하지 않는 한 다음의 타석은 다시 찾아온다.

저자는 또다시 책을 집어 들었고 강의를 청취하기 시작했다. 다음의 타석이 눈앞에 기다리고 있기에 무어라도 시작하지 않으면 안 될 것 같은 생각이 뇌리를 스쳐 갔다. 그리고 20대에 열렬히 품어왔던 비전과 꿈 그리고 성공하고 싶다는 열망이 다시 복받쳐 오르는 것을 느꼈다. 그 순간 머릿속을 스쳐 지나가는 어떤 명제가 떠올랐다.

"같은 것을 보는 중에도 다른 것을 볼 수 있어야 하고 다른 것을 보는 중에도 같은 것을 볼 수 있어야 한다."

불현듯 떠오르는 명제였다. 그동안에 내가 보고 느꼈던 것, 경험했던 것을 떠나, 보지 못했던 다른 것을 찾아야겠다는 생각이 불쑥 찾아왔다. 아니나 다를까 진리는 멀리 있지 않았다.

사람들은 어떤 진리를 찾고자 할 때, 진리가 꽤 멀리 있는 것처럼 생각한다. 그러나 진리는 가까운데 존재하고 있다. 가령, 사랑의 본질은 무엇일까? 행복의 근원은 어디에서 찾아야 하나? 라는 질문에 대해 대다수 사람은 선불리 대답하지 못한다. 근원적이고 난해한 질문이라고 생각하기 때문이다.

어떤 답을 찾을 때 나의 기준에서 찾으면 결론에 도달하지 못한다. 나의 기준으로 답을 찾으려고 하면 내가 얻고자 하는 답만 들려올 뿐, 그들이 들려주는 진짜 이야기는 들리지 않는다. 그렇기에 내가 보고자 하는 바를 내려놓아야 한다. 내가 듣고자 하는 답을 포기해야 한다.

그들이 들려주는 이야기의 본질 속으로 들어가야 한다. 우리는 다시 관찰해야 한다. 그들이 무엇을 들려주고자 하는지, 무엇을 전달하고자 했는지 알아야 한다. 저들의 같은 이야기 속에서 다른 것을 보고자 하고 저들의 다른 이야기 속에서 같은 것을 보고자 한다면, 저들이 진정으로 하고자 했던 이야기들이 보이기 시작한다.

현대카드사에 인사이트 트립(Insight Trip)이라는 것이 있다. 이는 과거 '신사유람단'처럼 집단으로 아이디어를 찾아다니는 관찰 여행이다. 이에 대해 『혼창통』에서 다루고 있는 내용을 소개한다.

매년 현대카드 정태영 사장과 마케팅 관련 부사장, 임원 등 10명 정도가 함께 세계를 돌아다니며 트렌드를 주도하는 대가들을 만나는 여행을 현대카드 내부에서 일컫는 말이다. 통찰력 즉, 인사이트를 얻기 위한 여행이라고 해서 인사이트 트립이란 이름을 붙였다.

해외의 마케팅 컨설팅사, 디자인 전문 회사, 신축 건물, 도시개발 현장, 박물관, 갤러리, 콘서트홀, 식당 등이 모두 방문 대상이다. 벤치마킹할 요소가 있는 기업 역시 사업 종목을 불문하고 방문 대상이다.[3]

현대카드의 인사이트 트립과 신사유람단은 모두 관찰의 중요성을 강조한다. 관찰하지 않으면 새로운 것을 배울 수 없고 이전의 것을 고칠 수 없다. 우리가 어떤 것의 본질을 알고자 한다면 반드시 관찰해야 하고 거기서 얻는 것이 있어야 한다.

기민함이란 주변에서 일어나는 일을 끊임없이 관찰하고 받아들이고 배우는 능력이다.

눈을 크게 뜨고 주변에서 일어나는 일에 주의를 기울이고 있어야만 인생의 중요한 것들을 배울 수 있다. 기민함이란 늘 '고개를 치켜들고 보는' 습관이다. 기민한 리더는 끊임없이 주위를 살펴 변화의 흐름, 기회, 잠재적인 위험 요소들을 빠르게 파악한다.[4]

---

3. 이지훈. 『혼창통』. 쌤앤파커스. 2010. p149.
4. 존 우든(John Wooden), 스티브 제이미슨(Steve Jamison)공저. 『88연승의 비밀』, 클라우드나인. 2014. p57-58.

미국 농구 역사상 전무후무한 기록을 세운 존 우든 감독(John Wooden)은 『88연승의 비밀』이라는 책에서 관찰의 중요성을 언급한다. 그는 기민함에 대해 리더가 가져야 할 자질이라고 한다. 관찰을 잘 해야 잘 배울 수 있기 때문이다. 다만 여기에는 존 우든 감독이 말처럼 '끊임없이'와 '받아들이고'와 '배우는 능력'이 함께 가야 한다. 단지 관찰만 해서는 그 효과가 드러나지 않기 때문이다. 관찰은 그것을 지속하면서 그리고 받아들이면서, 또한 받아들인 것을 배울때 비로소 열매를 맺는다.

03. 잘못을 바로잡는, 관점과 해석

관점이란 무엇인가?

우리가 이것에 대해 정의를 내리기 전에 알아두어야 할 것이 있다. 지금은 인터넷 시대이고, 정보의 시대이다. 넘쳐나는 정보들로 가득하고, 하루에도 수천, 수만 개의 새로운 정보가 만들어지고 있다. 정보가 넘쳐나는 세상에서 우리가 해야 할 일은 필요한 정보를 받아들이는 일이다. 자칫 정보의 홍수 속에서 불필요한 정보들에 휩싸이면 방향을 잃은 채 헤매는 정보의 미아가 될 수 있다.

뒤의 그림은 컴퓨터와 인간이 정보를 받아들이고 내보내는 프로세스이다.

〈그림1〉

〈그림2〉

컴퓨터는 명령을 받아들인 그대로 입/출력한다. 반면에 인간은 어떠한가? 인간은 정보를 받아들이거나, 기억하는 정보를 끄집어낼 때, '해석'이라는 과정을 거친 후에 입/출력한다.

대개 사람들은 정보의 입/출력 과정을 그림1의 과정이라고 생각을 한다. 그러나, 그것은 착각이다. 인간은 '있는 그대로' 받아들이는 존재가 아니다. 아무리 이성적인 사람이라 할지라도 해석의 과정을 거친다. 그렇기에 이 과정에서 문제가 발생하면 틀어진 인생을 살아갈 수밖에 없는 것이 인간이다.

삶에서 발생하는 많은 문제는 이러한 '해석'의 단계에서 발생한다. 그리고 이러한 해석의 정도는 사람마다 다르게 나타난다. 가령, 훈련의 정도가 다르고, 경험이 다르고, 앎의 정도가 다르고, 성숙의 정도가 다르면 이에 따라 다른 해석을 한다. 우리가 성공에 대한 무수히 많은 강의를 듣고 책을 읽어도 해석의 정도가 다르면 개인마다 본인의 수준에 맞게 해석하고, 해석의 과정을 거친 정보를 받아들이게 되는 것이다.

우리는 그동안 'Input'을 강조해왔다. 'Input'(입력된 정보)이 문제 없으면 'Output'(결과물)도 문제가 없을 것으로 생각했다. 그래서 문제를 해결하고자 할 때 우리는 책을 찾아서 읽고 강의를 찾아서 들었다. 'Input'이 뛰어나면 곧, 자신도 뛰어나게 되리라고 생각했다. 그러나 그것은 큰 착각이었다. 'Input'의 중요성은 두 말할 나위도 없는 것이지만, 이에 못지않게 해석의 과정 또한 대단히 중요하다는 것을 놓쳐서는 안 된다. 어떻게 보면 해석의 과정이 더욱 중요하다고 할 수 있다.

여기서 말하는 해석의 과정이란, 단지 관점(프레임:Frame)을 말하는 것이 아니다. 앞서 말했던 요소들이 모두 포함된다. 훈련의 정도라든가, 노력의 정도라든가, 성숙의 정도, 앎의 정도나 인성 수준이 모두 여기에 해당한다.

'Input'에 매달리는 것도 필요하지만, 우리는 이제 적용의 단계도 생각해야 한다. 해석의 과정이 잘 못 되면 적용의 과정도 틀어진다. 해석의 과정이 잘 못 되면 잘못된 적용을 통해 잘못된 결과로 나타난다. 그렇지 않겠는가? 다르게 해석하면 다른 적용을 하게 되지 않겠는가?

04. 결과물을 만드는, 실행

시대는 변했지만, 삶의 본질은 달라지지 않았다. 세상은 여전히 우리를 시험에 들게 한다. 오늘도 우리는 직장에서, 전쟁터에서, 거리에서, 가정에서 매일 순간마다 자신에게 닥친 장애물과 맞닥뜨리고 있으며 문제를 해결하기 위해 피나는 노력을 거듭하고 있다. 그 어귀마다 수많은 질문이 우리를 가로막는다.

'나는 가치 있는 존재인가?', '지금 내 앞을 가로막은 장애물을 극복할 수 있는가?', '당당하게 버티고 서서 내가 어떤 존재인지 보여줄 수 있는가?', '인생 앞에 당당할 수 있는가?'[5]

실행은 결과물을 만든다. 무엇을 행하는가에 따라서, 그리고 행하지 않는 것으로 인하여, 인생에서 목적하는 바를 이루어 가게 될지에 대한 답을 제시한다.

인생 앞에 놓인 수많은 질문 앞에서 어떤 이는 답을 찾고 어떤 이는 답을 찾지 못한다. 대개는 일단 답을 찾으면 안심한다. 그래서 '시작이 반이다'라는 말이 끊임없이 나돌고 있는지도 모른다. 어떤 것도 시작하지 못하는 사람보다 무엇이라도 행하는 사람이 더 나은 사람인 것은 맞다. 그러나 시작보다 중요한 것이 있다. 첫째는 제대로 하는 것이고, 둘째는 그것을 지속하는 것이다.

영어공부를 하기 위해 저자가 매달렸던 때가 있었다. 저자의 경

5. 라이언 홀리데이. 『돌파력』. 흐름 출판. 2017. p11-12.

우 늘 시작은 잘 해왔다고 자부한다. 한마디로 저자는 결심 하나는 오지게 잘하는 사람이었다. 한 번에 수십 가지 계획을 세우기도 했다. 그러나 수십 가지 계획 중에 손에 꼽는 몇 가지만 수행했을 뿐이다. 시작의 중요성도 놓쳐서는 안 되지만, 그보다는 제대로 할 수 있는 역량과 지속할 수 있는 끈기를 기르는 것이 더 중요하다. 시작은 어느 때라도 결심하면 당장에라도 할 수 있지만, 제대로 하는 것은 역량이 갖추어지지 않는 한 불가능한 일이다. 지속하는 것도 인내와 끈기가 있는 사람이 되어야 가능한 일이다. 그래서 채움인 것이다.

채우지 않으면 채워지지 않은 결핍으로 인해 더 나은 삶을 향한 여정에서 발목을 잡히는 일이 발생한다.

저자는 도시의 고층건물을 볼 때마다 현대 기술의 발전에 새삼 놀라고 감격스러움에 빠진다. 빠르게 변화하는 세상에 그다지 도움을 준 것이 없는 저자가 세상이 안겨주는 이로움을 경험하고 있으니 말이다. 고층건물을 볼 때마다 놀라는 것은 단지 그 높이 때문만은 아니다. 그 기술력에 놀라고, 튼튼함에 놀라고, 디자인에 놀라고, 규모에 놀란다.

이를 들여다보자. 고층건물일수록 기초 공사 기간은 길어진다. 시간이 너무 오래 걸리는 것이 못마땅하다고 하여 기초 공사를 얼렁뚱땅하게 되면 어떤 일이 발생할까? 아마도 그런 일은 없을 테지만, 혹시라도 이런 일이 발생하는 일은 절대로 있어서는 안 될 일이다.

더 나은 삶을 향한 여정에서 채움의 과정이란 이와 같다. 기본부터 시작하는 것, 그리고 제대로 하는 것, 그것이 완성될 때까지 지속하는 것, 이것이 바로 채움의 과정이며 실행의 법칙이다. 실행이란? 단지 행함의 유무를 일컫는 말이 아니다. 다시 말하지만 실행의 법칙은 '기본부터 행하는 것 + 제대로 하는 것 + 완성될 때까지 지속하는 것'이다. 3가지가 지켜지지 않은 채, '한다, 안 한다'라는 문제로 접근하면 어떤 것도 이루지 못한다. 실행은 3가지가 확실히 지켜질 때, 확실하게 열매를 맺는다.

05. 모든 변화를 가져오는 첫 출발지, 울림

성공을 쉽게 생각하는 사람이 의외로 많다는 사실이 놀랍다. 성공하는 방법에 대해 호의적이지 않은 그들은 성공한 사람에 대하여 비관적인 태도를 일삼는다. 이러한 현상에는 일종의 복잡한 메커니즘이 작용한다. 사람은 자신이 가지지 못한 거에 대한 불만을 여러 가지 모습으로 표출하곤 한다. 그중의 하나가 타인을 향하고, 사회를 향하는 불만이다. 그리고 이것은 비난의 형태로 혹은 판단의 형태로 나타난다.

세상에 완벽한 사람은 없다. 이런 점에서 누구를 막론하고 사람이라면 부족한 모습을 보이기 마련이다. 그런데 이러한 자신의 모습을 대하는 태도는 사람마다 다르게 나타난다. 어떤 이는 자신의 부족한 모습에 그다지 신경 쓰지 않지만, 어떤 이는 자신의 부족한 모습에 극도로 예민하게 반응하거나, 외부에 대한 불만을 표출한다.

비난과 판단은 왜 나오는 것일까? 이유는 간단하다. 부정적인 자아 이미지를 가지고 있어서 그렇다. 자신에 대해 생각하는 부정적인 자아 이미지가 부정적인 반응으로 표출되는 것이다. 어떤 사람은 미성숙해서, 아직 변화하지 못해서라고 말한다. 그런데, 미성숙하고 변화하지 못한 원인으로 치부하기에는, 이것은 우리 사회에 특별한 해결책을 제시하지 못한다.

공부를 잘하고 싶어서 온 아이에게 "너는 좀 더 성숙해져야 해"라고 하던가, "너는 아직도 변하지 않았구나.'라고 말한다면 그것이 무슨 도움이 되겠는가.

상사에게 종일 모진 소리를 들은 여자가 퇴근길에 서러움에 복받쳐 소리쳐 우는 장면을 드라마에서 본 적이 있다. 그녀는 주위의 모든 사람이 들을 수 있는 큰소리로 외친다.

"그래, 더 해봐. 그렇다고 내가 굽힐 줄 알아? 난 그 정도로 약하지 않다고!"

국가대표를 꿈꾸는 한 운동선수가 그날따라 성적이 안 좋은지 다들 가고 난 텅 빈 체육관에 남아서 소리친다.

"그래, 오늘은 내가 이 정도밖에 못 했지만, 난 포기하지 않아. 난 할 수 있다고~!"

이번에는 오를 것 같더니만 어찌 된 일인지 성적은 더 낮아졌다. 누구라도 좌절할 만한 상황에서 학생이 외친다.

"아직 끝나지 않았어. 오늘은 오늘로 충분해. 나는 반드시 오를 수 있다고~!"

위 세 사람에게서 공통점을 찾을 수 있겠는가? 우리 주위에서 흔치 않은 모습이다. 회사나 가정에서 혹은 학교에서 낙심할 상황과 결과를 마주하면 대다수의 사람은 주저앉고 만다. 누구를 탓할 기운도 없이 자신에 대한 원망이 올라오기도 한다. 그런데, 위 세 사람은 어떤가? 좌절하지 않는 태도와 마음을 넘어 이들이 보여주는 외침을 주목해야 한다. 저들의 외침에는 울림이 있다. 내면의 울림, 그리고 그것은 자아의 울림이기도 하다.

현재에 안주하고 싶지 않다. 현재를 벗어나고 싶다. 이런 식의 생각이 가득 차면 그것은 곧 온몸으로 스며든다. 그리고 내면의 울림이 되어 자아를 일깨운다. 저자가 대면하던 학생들과의 만남에서 찾고자 했던 것은 바로 이러한 울림이었다. 그들에게서 울림을 보고자 했다. 울림이 없으면 변화는 찾아오지 않기 때문이다. 성장도 찾아오지 않는다.

바람만으로 변하는 것이라면 세상은 이미 오래전에 변했어야 했다. 사람들도 변했어야 했다. 그러나 주위를 둘러보면 여전히 그대로인 세상, 바뀌지 않은 사람들로 둘러싸여 있다. 변화를 꿈꾸는 사람은 많지만, 변화를 이뤄내는 사람은 많지 않다.

변화는 왜, 쉽게 오지 않을까? 그것은 울림이 없기 때문이다. 저자가 말하는 울림은 가슴까지 차오르는 갈망이다. 턱까지 숨이 차오르는 갈망 말이다. 적당한 선에서 그치는 갈망만 있다면 그것은 오래가지 못한다. 울림이 없으면 변화는 찾아오지 않는다. 무언가를 간절히 바라고 있다면 반드시 울림으로 표출해야 한다. 갈망의 정도가 적당한 선에 멈추어 있다면 가슴까지 차오르는 울림을 만들어 내야 한다.

06. 먼저 해야 할 일을 한다, 우선순위

모든 사람에게는 하고 싶어 하는 것이 있다. 분야가 다르고 종류가 다를 뿐, 사람들에게는 욕구가 있다. 그리고 그 욕구를 채우고 싶어 한다. 물론 이러한 욕구들은 충족되어야 한다. 그러나 모든 욕구가 충족되어야 하는 것은 아니다. 가령, 증오를 품고 있는 사람이 다른 사람을 해치고자 하는 욕구가 있다고 해서 이러한 욕구가 반드시 충족되어야 하겠는가?

우리가 사는 세상에는 숨겨진 법칙들이 있다. 이것은 분명한 사실이다. 부인하려 해도 부인되지 않는 것이 세상에 존재한다. 눈에 보이지 않는 공기를 부인한다고 해서 공기가 존재하지 않는 것은 아니지 않은가? 숨겨진 법칙은 이런 것이다. 모를 때는 대수롭지 않지만, 알게 되면 경이롭고 신비롭게 다가오는 것. 그래서 숨겨진 법칙은 삶을 변화시키는 혁명과도 같다. 그리고 숨겨진 법칙은 안에서 밖으로 향하는 성질을 가지고 있다.

떠놓은 물 한 컵에 아무런 반응을 주지 않으면 물은 그대로 있다. 그러나 여기에 잉크 나 물감을 한 방울 떨어뜨리면 전체로 퍼져나간다. 숨겨진 법칙은 이처럼 전체를 변화시키는 성질을 가지고 있다. 물론 개인의 영역에서 변화가 그칠 수도 있다. 그러나 숨겨진 법칙의 본래 가진 속성은 우리가 사는 세상을 향한다. 그래서 우리는 숨겨진 법칙들을 발견해야 한다. 그러나 발견했다고 해서 자만해서는 안 되고, 발견하지 못했다고 해서 좌절할 필요도 없다. 숨겨진 법칙은 갈망이 있고, 이러한 갈망을 채우고자 하는 사람에게만 의미를 주기 때문이다.

학생들을 가르치던 때에도 이와 같은 모습은 늘 나타났다. 공부 잘하는 방법을 모든 학생에게 설명한다고 해서 모든 학생이 공부를 잘하지 않는 것처럼 숨겨진 법칙 또한 그것을 안다고 해서 모두가 변화하는 것은 아니다. 이것을 적용하면 법칙을 대하는 사람의 태도가 달라져야 한다. 생각을 바꾸어야 한다.

공부를 잘하고 싶은 학생에게 있어서 공부를 잘하는 비법은 매우 중요하다. 그러나 그런 마음이 없는 학생에게 있어서 공부를 잘하는 비법은 그저 누군가의 이야기로 치부될 뿐이다.

변화와 성장을 바라는가? 그렇다면 우리는 하고 싶은 것을 하는 것보다 해야 할 일을 먼저 해야 한다. 그리고 이 말을 다르게 표현하면 하고 싶은 것 이전에 해야 할 일이 있다는 말로 바꾸어 표현할 수 있다. 이것이 숨겨진 법칙의 두 번째 법칙이다. 성공은 성공의 방법을 공부했다고 해서 이루어지는 것이 아니다. 공부 잘하는 법을 터득했다고 해서 공부를 잘하지는 않는 것처럼 말이다. 중요한 것은 해야 할 일을 하는 것이다.

운동선수라면 운동을 잘하기 위해 무엇을 해야 할지를 알아야 한다. 현재 무엇이 부족하고 그것을 보완하기 위해 어떻게 해야 할지를 알아야 한다. 단지 열심히 해야 할 것을 말하는 것이 아니다. 제대로 하는 것을 말하는 것이다. 이것이 바로 해야 할 일이다. 변화와 성공을 향한 삶에 있어서 우선순위 법칙은 지켜져야 한다. 지금, 이 순간 자신을 돌아보고 무엇을 선행해야 하는지를 생각해 보자.

07. 관성과 탄성력을 벗어나는, 임계점

저자가 군 복무 시절에 경험했던 일이다. 군대에 '구보'라는 것이 있다. 이른바, 조깅 혹은 달리기를 말하는데, 저자는 군 복무를 하면서 비 오는 날을 제외하고 거의 모든 날에 구보를 했던 것으로 기억한다. 평소에 하는 구보는 가볍게 뛰는 정도에 불과했다. 그러던 어느 날, 부대 전체에 모든 부대원이 완전 군장을 한 채로 구보를 하라는 불호령이 떨어졌다. 정신 무장이 필요하다 생각하여 부대장이 내린 명령이었다. 완전 군장을 하는 것이 무엇을 의미하는지는 군대라는 사회를 조금이라도 아는 사람은 알 것이다.

완전 군장을 하면 무게가 20kg인 모든 장비를 다 착용하고, 총기까지 들고 달려야 한다. 이 시절 저자의 계급은 이등병이었다. 짧은 시간 내 완전 군장 착용을 마친 부대원들은 이내 구보를 시작했다. 평상시의 구보는 평지에 해당하는 길을 2km 정도 달리면 끝이었다. 그런데, 이날은 완전 군장을 한 채로 구보를 하는 것도 힘겨운데, 갑자기 코스를 바꾸어 언덕을 달려야 했다. 말이 언덕이지 사실상 비포장 오르막 산길이었다. 저자는 죽을 힘을 다해 달렸다. 어떻게 되었을까?

군대에서는 몸이 부서지지 않는 한 마칠 때까지 해야 한다. 저자의 군 복무 시절 군대는 정말로 그러한 분위기였다. 몸이 힘들고 숨이 가빠 오고 당장이라도 쓰러질 것만 같아도 계속 달려야 했다. 마칠 때까지 말이다. 그런데 문제가 생겼다. 도저히 이제는 달릴 수 없다는 한계치에 몸이 다다른 것이다. 인간이 한계치에 도달하면 어떤 일이 벌어질까? 더는 앞이 보이지 않는다. 그냥 멈추어야 한다.

이날 저자에게는 극한의 한계가 찾아왔다. 그렇게 한계치를 경험하는 찰나의 순간이었다. 불현듯 몸에 이상한 변화가 찾아왔다. 마치 새로운 육체를 덮어씌운듯 새로운 에너지가 나오기 시작한 것이다. 이대로라면 수분, 아니 한 시간이라도 더 달릴 수 있을 것만 같은 그런 몸의 상태가 되었다. 그런 기운이 느껴지기 시작했다. 저자에게 이날의 경험은 매우 충격적이어서 전역 후, 지금까지도 이때의 경험이 생각난다. 저자는 이날의 경험을 임계점을 새롭게 경험한 때라고 의미를 부여한다.

임계점이란, 어떤 상태의 한계에 도달했을 때 다른 상태가 되기 직전의 최대치이다. 사람이라면 누구나 이러한 임계점, 한계치를 가지고 있다. 그리고 이러한 임계점이 찾아왔을 때, 대부분의 사람은 하던 것을 멈춘다. 더 힘을 낼 수 없다고 느끼기 때문이다.

그런데, 변화를 요구하는 삶에서 임계점은 중요한 의미를 부여한다. 사람마다 능력이 다르고, 재능이 다르고, 생각하는 것이 다르듯이 각자에게 부여된 한계치도 다르게 나타난다. 누군가의 한계치는 꽤 높은 수준이고, 누군가의 한계치는 매우 낮은 수준이다. 이러한 한계치의 차이로 인해 같은 미션이 주어졌을 때, 누군가에게는 쉬운 일이 되고, 누군가에게는 버거운 일이 되기도 한다.

임계점의 본질과 한계치의 극복

사람들에게 있어서 임계점이 어느 지점인지 물어보면, 무엇으로 그것을 측정할 수 있을까? 임계점은 눈에 보이지 않아서 개인마다 느끼는 정도에 달려있다. 중요한 것은 그 임계점의 높고 낮음이 아니다. 누구에게나 있는 이러한 임계점을 새롭게 하지 않으면 더 나은 삶을 살고자 하는 사람에게 이전과 달라진 삶은 찾아오지 않는다.

한계치를 높이라고 말하는 것이 아니다. 한계치를 높여야 하는 미션으로 받아들이게 되면 성공은 저 멀리 있는 목표가 되어버린다. 저자가 말하는 이야기의 핵심은 임계점의 높이 조절이 아니다. 누구에게나 있고 모두에게 있는 잠재력을 통해 임계점을 새롭게 발견하라는 것이다. 저자가 경험했던 그 순간으로 돌아가 보면 분명 저자는 한계치에 도달했었다. 더 앞으로 나갈 수도 없는 상태였다. 그러나, 찰나의 순간에 임계점은 새롭게 되고, 한계치는 높아졌다.

어떻게 된 일인가? 정말로 한계치가 조정된 것일까? 아니다. 저자는 이날 새로운 자아를 탄생시켰다. 본래부터 잠재력이 있던 자아를 임계점이라는 상자에서 끄집어낸 것이다. 이전의 모습에서 새로운 모습으로 재탄생한 것이다.

잠재력은 누구에게나 있고 모두에게 있다. 그래서 누구나 성취할 수 있고 모두가 성공할 수 있다. 신에 의해 선택된 인간이어서 다른 인생을 사는 것이 아니라, 재탄생의 과정을 통해 자신의 본래 자아를 발견한 사람이 성공의 삶으로 도약한다. 이것이 바로 임계점의 본질이자 한계치의 진실이다.

08. 공통점의 발견, 교집합

공통점 찾기, 발견

우리가 사는 세상에는 참 다양한 사람이 존재한다. 70억 인구가 지구상에 있으며 저마다의 색깔과 저마다의 가치관을 가지고 산다. 모두가 다른 삶을 살고, 다른 생각을 가졌을 법도 한데, 막상 우리 주위를 둘러보면 자신과 비슷하게 생각하는 이들이 있음을 본다. 좋아하는 음식의 종류가 일치하고 좋아하는 책의 장르가 같다. 그렇게 우리는 다른 듯, 비슷한 삶을 살아가는 사람들을 발견한다.

"우리는 비슷한 게 있네요. 공통점이 있네요."

그렇다. 우리는 모두 다르지만, 같은 것을 가질 수도 있고, 같지만 다른 것을 나타낼 수도 있는 존재이다. 저자가 말하고자 하는 것은 앞의 내용이다. 우리는 모두 다르지만 같은 것을 가지기도 한다. 그렇기에 우리는 공통점을 찾아야 한다. 단순히 너와 나의 공통점을 말하는 것이 아니다. 나의 갈망을 채워주고, 원하는 삶으로 이끌어 주는 숨겨진 법칙에 대한 공통점을 찾는 것. 이것이 핵심이다.

공통점을 찾는 것이란, 새로운 것을 찾는 것이 아니라 이미 있는 것을 발견하는 일이다. 공부를 잘하고 싶다면 공부를 잘하는 법에 대한 숨겨진 법칙을, 성공을 원한다면 성공을 이루기 위해 무엇을 해야 하는지에 대한 숨겨진 법칙을 찾아야 한다.

본질은 변하지 않는다. 그래서 발견해야 한다. 그리고 이것이 바로 숨겨진 법칙이다. 공부를 잘하는 비법이 각기 다르다고 생각하는가? 성공하기 위해서 무엇을 해야 하는지에 대한 백서가 모두 다른 이야기를 하고 있다고 생각하는가?

이제는 말할 때가 왔다. 공부에 대해서도, 성공에 대해서도, 관계에 대해서도 혹은 다른 어떤 주제에 대해서도 법칙을 발견한 사람들은 예나 지금이나 같은 이야기를 하고 있음을 알아야 한다. 이것이 바로 숨겨진 법칙이다. 그저 열심히 해야 한다는 것을 말하는 것이 아니다. 숨겨진 법칙은 하늘의 법칙을 따른다. 이는 어쩌면 인류가 존재하기 전부터 이 땅에 있던 법칙인 셈이다.

왜 어떤 사람은 쉽게 성공하는 것 같고, 쉽게 이루는 것 같다고 생각하는가? 이렇게 생각하는 사람은 목표를 이루고 성공한 사람을 향해 다음과 같이 말하곤 한다.

"저 사람은 운이 좋은 것 같아."

"저 사람은 부모를 잘 만나서 그런 거야."

"저 사람은 천재로 태어나서 저런 거지."

저자도 이러한 말이 잘못이라는 것을 깨닫기 전에는 이런 생각이 떠나지 않았다. 그러나 어느 날, 이 모든 것을 뒤엎는 일이 실제로 벌어졌다. 그리고 그동안 가져왔던 모든 궁금증이 풀리기 시작했다. 근본적인 문제에 대한 근원적인 해답이 들려오기 시작한 것이다. 저자는 이것을 한 단어로 표현한다.

우리가 해야 하는 것은 '발견'이다.

09. 꿈을 현실화하는, 생각

"우리는 보는 것을 믿을까요? 믿는 것을 볼까요?"

어느 강연자가 질문을 던졌다. 어떤 것이 맞는 말이라고 생각하는가? 우리는 흔히 보는 것을 믿는다고 말한다. 그런데 과연 그럴까?

이에 대한 간단한 실험이 있다. 예전에 TV 예능 프로에 나왔던 장면 중의 하나를 소개하고자 한다. 게임 시작과 함께 한 면만 볼 수 있도록 만들어진 상자가 나온다. 상자의 위쪽에는 팔을 집어넣을 수 있을 정도의 구멍이 있다. 이때 안대를 쓴 한 사람이 나와서 상자 안에 자신의 팔을 집어넣어 상자 안에 무엇이 있는지를 맞히는 게임을 한다.

눈을 가린 참가자는 주위 사람이 얘기하는 것에 귀를 기울일 수밖에 없는 상황이다. 참가자는 주위 사람이 말하는 내용을 극도로 민감하게 반응한다. 사실상 아무것도 아닌 물건이 들어 있는 경우가 대부분인데, 주위에서 사람들이 매우 위험하고 만지기 어려운 것이라고 말하기 시작하면 참가자는 그것이 곧 믿는 바가 되어서 걱정과 긴장에 사로잡힌다.

우리가 살면서 보이는 현상은 이와 별반 다르지 않다. 우리는 현실을 본다고 하고 현상을 본다고 말하지만, 사실은 생각으로 정의 내려진 현실과 현상을 마주하는 것이다. 생각을 어떻게 하는가에 따라서 우리가 경험하는 바가 달라진다. 생각이 가져오는 결과는 알고 보면 엄청나다는 사실을 믿는 사람은 많지가 않다.

눈앞에 있는 상황과 환경은 우리가 통제할 수 있는 영역은 아니다. 그러나 주어진 상황과 환경을 두고 무엇을 생각할 것인지는 우리가 선택할 수 있다. 태도를 만들어 내는 선택의 힘은 생각을 바꾸는 데서 출발한다.

앞의 질문으로 다시 돌아가 보자. "우리는 보는 것을 믿는 걸까? 믿는 것을 보는 걸까?" 무척 흥미로운 질문이다. 흔히 많은 사람이 이 질문에 전자라고 답한다. 보이는 것이 먼저라고 생각하기 때문이다. 그래서 보는 것을 믿는다고 한다.

저자는 이 질문을 두 가지 형태로 구분하고자 한다. 하나는 현상에 대한 것이고, 또 하나는 개념에 내한 것이다. 현상으로 본다면 우리는 보는 것을 믿는 것이 맞다. 보기 때문에 생각하는 것이고, 보았기 때문에 믿는 것이다. 그런데 개념적 차원으로 넘어가 보면 이것은 달라진다.

어느 날 우리가 반 고흐의 작품을 보았다면 사람들은 어떻게 반응을 하게 될까? 반 고흐의 작품을 보았다고 해서 모두가 똑같은 반응을 보이지는 않는다. 본 것은 같지만, 믿고 있는 것이 다르기 때문이다. 생각하는 바가 다르기 때문이다. 평소에 미술 작품에 대해 별다른 관심이 없는 사람은 아무리 뛰어난 화가의 작품을 접해도 감흥을 느끼지 못한다. 반면에 미술을 전공했거나, 평소에 예술 작품에 관해 관심이 있던 사람이라면 감탄을 금치 못한다.

여기에서 우리가 알 수 있는 것은 인간은 보는 대로 반응하는 것이 아니라는 것이다. 인간은 생각하는 대로 반응하며 믿는 대로 행동하고 있다. 그래서 다른 반응, 다른 결과를 도출하는 것이다.

우리가 생각을 바꾸어야 하는 이유는 바로 여기에 있다. 현상대로라면 우리는 보는 것을 믿지만, 인간은 본래 사고하는 존재로 태어났기 때문에 결국은 사고의 지배를 받는다. 이 말을 다시 풀면 생각을 어떻게 하는가에 따라서 우리가 보는 것이 달라진다. 생각하는 바에 따라 경험하는 것이 달라진다는 뜻이다. 더 좋은 생각을 할수록 더 좋은 반응을 하고 더 좋은 결과를 도출한다. 이것을 확장해보자. 더 나은 생각을 하는 사람은 삶의 방향도 나은 방향으로 가게 되는 것. 이것이 바로 생각이 우리 삶에 중요한 이유이다.

"상상력이 세계를 지배한다."

나폴레옹이 한 말이다. 세계를 정복하던 정복자의 위엄이 느껴지는 말이다. 나폴레옹은 전투만 잘한 것이 아니다. 그는 생각을 잘했고 상상력이 가진 힘을 이용해 역사상 전무후무한 전투들을 승리로 이끌었다.

스타벅스를 창립한 하워드 슐츠 회장도 스타벅스를 창립하기 이전에 상상을 먼저 했다는 일화는 유명하다. 그는 매력적인 이탈리아 도시를 떠올리며 열정과 낭만적인 분위기, 행복한 사람들로 가득 찬 가로변의 작은 카페를 머릿속에 그렸다.

그는 이렇게 말했다.

"우리가 만일 상상력을 사로잡을 수 있다면 다른 사람도 사로잡을 수 있을 것이다."[6]

상상력이 어떤 힘을 가지고 있는가? 상상력은 그저 생각 차원에 불과하다고 말하는 사람이 많다. 저자도 오래전에 이와 별반 다르지 않았다. 그러나 성공한 사람, 목표를 성취한 사람들의 공통으로 언급되는 이야기에 주목하다 보니 생각이 가진 힘이 위대하다는 것을 알게 되었다. 깨닫게 되었다.

생각이 가진 힘은 생각이 가져오는 변화에 핵심이 있다. 단지 생각하는 것만으로 변화는 찾아오지 않는다. 생각이 변화를 창조하는 것은 생각이 가져오는 나비효과와 같다. 생각이 또 다른 생각을 낳고 이러한 생각들이 작은 반응을 가져오는 것. 그리고 이러한 작은 반응들이 쌓이면 놀라운 결과를 도출한다.

---

6. 하워드 슐츠. 『스타벅스, 커피 한잔에 담긴 성공 신화』. 1999.

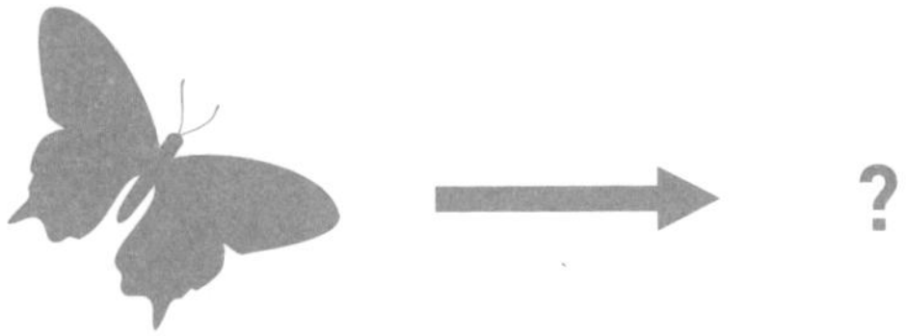

'나비효과'를 아는가? 지구 반대편에서 나비가 날갯짓하면 이것이 나중에는 커다란 태풍이 되어 영향을 준다. 생각하는 것이 사소해 보여도 어떻게 생각하고 있는가에 따라서 하루가 달라지고, 일년이 달라지고, 인생이 달라지는 경험을 한다. 생각만 했을 뿐이라고 말할 수 있지만, 이것이 쌓이면 놀라운 결과를 가져다준다. 자, 이래도 생각이 그저 생각일 뿐이라고 느껴지는가?

우리는 생각하는 것을 기준 삼아서 삶을 살아가는 존재이다. 그래서 경험이 중요하고 경험한 바를 생각에 기초하여 판단하는 과정이 중요하다.

어떻게 해야 좋은 생각을 할 수 있을까? 우선, 기존에 가지고 있던 잘못된 생각을 바꾸는 작업을 해야 한다. 이른바 생각의 교체 작업을 통해 잘못된 생각들을 버리고 새로운 생각을 집어넣어야 한다. 여기서 말하는 새로운 생각이란, 좋은 생각이다.

좋은 생각을 하기 위해서 좋은 경험을 하는 것이 필요하다. 좋은 경험이란 내가 바라고, 소망하는 방향에 맞추어 삶이 흘러가는 것을 말한다. 좋은 경험이 있어야 바르게 느낄 수 있고 제대로 생각할 수 있다. 단지, 생각하는 것만으로 삶은 달라지지 않는다.

생각의 단계에서 더 나아간 것이 상상이라면, 상상은 아직 도래하지 않은 미래를 앞당길 수 있고 과거의 것을 끌어와 현실에 적용할 수도 있다. 상상력이 그저 소설과 같은 허구라고 생각하는 사람이 있다. 그것은 상상이 가져오는 역동적인 힘을 모르기에 하는 말이다.

성공을 바라고, 무언가를 이루길 원하는 사람이 상상력을 동원하지 않는다면 단언컨대 성공을 눈앞에서 보기란 어렵다. 어떤 영역에서 탁월함을 발휘한 사람의 공통점을 들여다보면 그들은 단지 생각하는 것에서 나아가 무한한 상상력을 동원했다는 것을 알 수 있다.

에디슨의 경우를 보자. 그는 어린 시절에 달걀을 직접 품었다. 병아리가 나올 것으로 생각한 것이다. 이런 행동을 보면서 어떤 사람은 그가 지능이 떨어진 아이라고 생각했고, 어떤 이는 그가 쓸데없는 생각을 많이 하는 아이라고 생각했을 것이다.

지금은 어떠한가? 우리는 에디슨을 위대한 발명왕이자, 창조적인 능력자로 인정하고 있다. 그가 지녔던 무한한 상상력은 결코 쓸데없는 생각이 아니었다. 만약 그가 온갖 상상력을 동원하지 않았다면 세상은 어떻게 되었을까? 아마도 세상의 발전은 더디었을 것이다.

생각은 이렇게 놀라운 결과를 가져온다. 정확히 말하면 상상하는 대로 흘러가게 만든다. 왜냐하면, 그것이 방향을 나타내 주기 때문이다.

덧붙여 생각의 법칙은 잘못된 것을 버림으로 완성한다. 기존의 잘못된 생각을 내버려 두면 언제라도 그것이 튀어나올 수 있다. 좋은 생각을 하기 위하여 기존의 잘못된 생각을 버려야 하고 우리는 이 작업을 계속해야 한다. 기존의 잘못된 생각을 고집하고 있다면 그것이 앞으로 나아가는 데 있어서 걸림돌이 되는 것은 자명하다. 우리가 지닌 생각 중에서 바꾸어야 하는 것은 다음과 같다.

- 잘못된 편견
- 왜곡된 자아 개념

오랜 시간 굳어진 '잘못된 편견'은 변화를 일으키는 데 있어서 가장 큰 위험 요소로 작용한다. '왜곡된 자아 개념' 또한 마찬가지이다. 이 두 가지는 반드시 바꾸어야 한다. 성공을 위해서는 성공을 위한 길을 가야 하지, 잘못된 길에서 올바른 방향을 바라본다고 해서 성공이 찾아올 리 없다.

왜곡된 자아 개념을 버려야 하는 것은 성공으로 향하는 길목에서 자격이 안 되어 출입금지를 당하기 때문이다. 목표성취를 위해, 성공으로 향하는 길을 가기 위해 우리는 자격을 얻어야 한다. 자격이 없으면 성공으로 가는 길목에서 거절을 당하는 것과 같다. 야구 선수가 되어 홈런을 치기를 원한다면 먼저 야구 선수가 되어야 한다. 성공을 원한다면 성공하기에 합당한 사람이 되어야 한다.

10. 나를 바꾸는 시작, 반응

적절한 상황이 찾아오는 것도 중요하지만, 적절한 상황에 적절한 반응을 하는 것은 더욱 중요하다. 성공은 적절한 반응의 집합이 이루어낸 결과물이다. 성공의 과정을 학습하는 것도 중요하지만, 학습 이후에는 반드시 반응으로 나타나야 한다.

사람마다 기회는 반드시 찾아온다. 어떤 이는 기회를 만들어야 한다고 말하지만, 정확히 말하면 기회는 찾아오는 것이다. 더 정확하게는 내가 준비한 만큼 기회가 찾아온다. 만약 준비가 없다면? 준비 없이 맞이하는 기회는 인생에 독이 될 수 있다.

목표달성과 성공을 위해서는 운이 필요하고 기회가 필요한 것이 맞다. 그러나 운은 언제 찾아올지를 예측할 수 없다. 반면에 기회는 내가 언제든 준비하고 있으면 그만큼 자주 우리에게 찾아와 노크한다.

또한, 우리는 기회를 맞을 준비와 함께 찾아온 기회에 반응을 잘 해야 한다. 갖춰진 준비 없이는 기회가 찾아오지 않을뿐더러 반응을 잘하지 않으면 애써 찾아온 기회는 사라지고 만다.

반응을 잘한다는 것은 무엇을 뜻하는 것이며 우리는 무엇을, 어떻게 준비해야 할까? 반응을 잘한다는 것은 정직하게 반응하는 것이다. 적절한 시기(타이밍)를 아는 것이다. 적절하게 행동하는 것이다. 반응하기 전에 내면과 외면이 준비되어 있어야 한다.

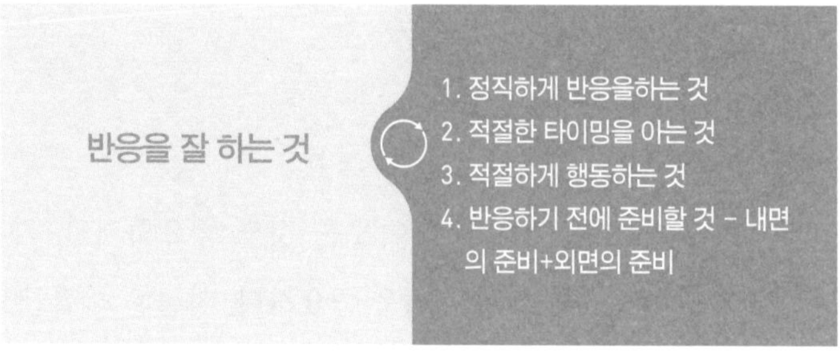

반응을 잘한다는 것은 위의 4가지를 말한다. 대다수의 사람은 적당한 선에서 반응하거나 혹은 즉흥적인 반응을 하는 것으로 그친다. 그러나 이제는 달라져야 한다. 적어도 성취하고자 하는 무언가가 있고 성공을 향해 나아가기를 원한다면 말이다.

같은 자극에 다른 반응을 해왔던 우리에게 필요한 것은 태도이다. 나의 태도를 옳은 방향으로 이끄는 것이 필요하며 이를 위해서는 스스로 정직해야 한다. 정직하다는 것은 포장하지 아니한 모습 그대로 나아가야 함을 말한다. 그래야 무엇을 바꾸어야 할지, 무엇을 채워야 할지를 알 수 있다.

정직한 반응은 정직한 자아에서 출발한다. 정직하지 못한 자아가 나를 지배하고 있으면 이중성의 자아가 삶을 지배하고 이러한 사람은 올바른 방향으로 성장할 수 없다. 이중성은 자신에게도 타인에게도 결코 선한 영향력을 주지 않는다.

두 번째, 적절한 시기를 아는 것은 반응이 의도한 방향으로 흘러가도록 하기 위함이다. 적절하지 않은 타이밍에 나오는 반응은 예기치 않은 결과를 초래할 수 있다. 그런데, 이러한 적절한 시기를 아는 것은 학습에 의해서만 가능하다. 물론 본능적으로 알 수도 있지만, 대부분은 학습을 통해 즉, 경험된 학습을 통해 언제 반응해야 할지를 안다. 학습이 중요한 이유는 두말할 나위가 없다. 우리는 어느 때이고 성장하기를 본능적으로 원하는 존재이다. 성장하기 위해서 알아야 하고, 알기 위해서 학습해야 한다.

경험을 통해 지혜가 쌓이고, 노하우를 쌓고, 판단력이 생기는 것도 학습의 결과물이다. 단순히 지식으로 성장하고 성공하는 것에는 분명 한계가 있다. 우리가 사는 세상은 이미 단순화를 넘었고 지금은 복잡성이 상상을 초월하는 세계를 살고 있다. 우리에게 필요한 것은 흩뿌려진 것들을 통합하는 것이고, 그것을 단순화하는 것이다. 하나의 체계로 만드는 지혜가 필요한 시대이다. 그러나 이 모든 것은 적절한 시기에 의해서만 최적의 결과를 도출할 수 있다.

세 번째, 적절한 행동은 적절한 시기와 함께 원하는 결과를 도출하기 위함이다. 이 또한 학습하고 축적된 지식과 지혜, 노하우를 통해 가능하다. 학습하지 아니하고 모든 것을 아는 사람은 없다.

네 번째, '준비됨'은 사실 변화의 과정을 포괄하는 핵심적인 내용이기도 하다. 위에서 언급한 세 가지, 적절한 반응+적절한 시기+적절한 행동이 올바르게 나타나려면 이 모든 것의 주체인 자신이 내적과 외적으로 준비된 사람이어야 한다. 4가지 중 어느 것 하나도 소홀하면 우리가 원하는 최상의 삶의 열매는 절대 맺어지지 않는다.

11. 변화의 환경 속으로, 상황

맛집이 모여 있는 골목, 학원이 즐비한 학원가, 세무서 주위에 모여 있는 수많은 세무사 사무실 등은 환경이 줄 수 있는 효과의 극대화를 실현하는 장소이다. 맛집이 모여 있는 지역에 가면, 어떤 집이 맛집인지 생각 속에서 사라지고, 무엇을 먹어야 하는지에 대한 선택만이 남는다.

강요에 의해서든 자발적이든 학원가의 어느 한 강의실에서 수업을 듣는다면 참여도는 사람마다 다르겠지만, 대부분의 사람은 수업에 귀를 기울이지 않을 수 없다. 봉사를 위해 멀리 빈민 지역으로 갔다면, 현장의 모습과 분위기 혹은 문화에 적응하려 하고, 불편함을 이내 감수하려는 태도로 바뀐다.

여기에는 평소의 신념이나 가치관이 크게 작용하지 않는다. 우리가 어떠한 상황에 놓이면, 우리 내면의 신념이나 가치관 보다는 상황에 의해 영향받는 정도가 커서 평소의 모습이 아니라 상황에 따라 움직인다.

이처럼 상황이 인간에게 주는 영향력은 적지 않다. 평소에 책임감이 없던 사람이 리더의 자리에 앉으면 없던 책임감도 생긴다. 물론 정도의 차이는 있다. 이러한 현상을 가장 쉽게 찾아볼 수 있는 예는, 결혼한 남녀가 달콤한 신혼생활을 하다가 새로운 가족 구성원이 생기는 경우에서 찾을 수 있다. 이전에는 자신이 자식이었고, 남편이었고, 아내였는데 아기가 태어나면서 남자는 아빠가 되고,

여자는 엄마가 되는 경험을 하는 것이다.

우리가 변화를 꿈꾸고, 목표를 이루고, 성공을 바란다면 우리는 상황 가운데로 들어갈 필요가 있다. 아니, 상황 가운데로 반드시 들어가야 한다. 변화를 가로막는 관성이 존재하는 현실에서 벗어나 변화의 인력이 작용하는 상황 가운데로 자신을 밀어넣어야 한다.

상황에 자신을 놓아두면 더욱더 변화가 수월해 진다. 엄청난 에너지를 쏟아야 하는 삶의 과제도 힘들이지 않고 할 수 있다. 바로 이것이 상황이 우리에게 안겨주는 놀라운 선물이다.

상황은 우리를 둘러싼 세상의 모든 것, 즉 '나'를 제외한 모든 것을 가리킨다. 함께하는 사람들, 때와 장소, 취하는 행동 등 모든 것을 포함하는 개념이다. 심지어 스마트폰 속 가상세계 역시 상황이다. 이러한 모든 외부적 힘이 우리의 행동을 추진하거나 억제한다. 레빈의 유명한 등식에 의하면, '행동'이란 '인간'과 '상황/환경'이 결합한 결과다.[7]

『해빗』의 설명에 따르면 환경은 우리에게 추진력을 줄 수도 있고, 마찰력(억제력)을 줄 수도 있다. 어떠한 환경에 놓였는가에 따라서 긍정의 방향이 될 수도 있고, 부정의 방향이 될 수도 있다.

저자는 이것을 자신의 방부터 적용할 것을 권면한다. 이를테면, 집안에서 가장 활동이 많거나 가장 아끼는 공간을 새롭게 하는 것이다. 우선적으로 불필요한 것들을 정리하는 것으로 시작하여, 가

7 웬디 우드. 『해빗』. 다산북스. 2019. p148.

구의 배치라던가, 채광 혹은 컬러를 바꾸는 것으로 우리는 새로운 삶을 맞이할 수 있다.

학업 성취도가 낮고 학습 의욕도 낮은 학생이 어느 날, 이제 공부를 잘하고 싶다며 저자를 찾아왔다. 어떠한 말이든 선생님의 말씀은 지키겠노라며 당찬 결심과 포부를 밝혔다. 이런 학생을 우리는 주위에서 쉽게 찾아볼 수 있다. 비단 학생뿐만이 아니다. 성인 중에서도 당찬 결심과 포부를 밝히고 삶을 변화시키겠다고 말하는 사람은 무수히 많다. 이렇게 많은 사람 가운데서 실제로 변화가 되어가는 사람은 얼마나 있을까?

마음가짐의 변화로도, 생각의 변화로도, 노력으로도 변화가 되지 않는 경우는 삶에서 빈번하게 일어난다. 변화의 본질을 놓쳐버린 채 법칙에만 매달리기 때문이다. 실제로 변화는 사슬처럼 얽매이거나 엮어져 있는 요소들을 함께 생각해야 한다.

습관의 영향을 다루는 책을 읽어도, 몰입과 끈기 집중을 설명하는 책과 강의를 접해도, 환경의 영향을 아무리 강조해도 이 모든 것들이 사슬처럼 연결되어 있다는 것을 인지하지 못하는 한, 아무리 습관에 매달리고, 몰입과 집중 끈기에 매달리고, 긍정적으로 마인드를 콘트롤하고, 생각을 바꾸고, 환경을 바꾼다 해도 변화는 쉽게 찾아오지 않는다. 중요하지 않다는 말이 아니다. 변화의 본질을 놓쳐버리면 안 된다는 말이다. 모든 것을 다 갖추라는 의미도 아니다.

변화의 과정에서 어떻게, 무엇이 작용하는지를 제대로 알아야 한다. 여러 요소 중의 어느 한 요소가 잘못되거나 부족하면 사슬처럼 엮여 있는 다른 요소에도 영향을 줄 수 있음을 알아야 한다.

12. 작은 성공을 쌓으라, 경험

하루에 밥을 세끼 먹는 것은 쉬운 일이다. 양말을 신는 것도 쉬운 일이다. 무슨 말인가 하면 작은 성공들을 통해 작은 성취의 기쁨을 누리는 것을 경험해야 한다는 말이다. 성취의 기쁨이 없으면 도약할 수 없다. 달려갈 힘이 사라진다. 한 아이를 출산하는 과정은 매우 고통스럽고 힘든 순간이다. 그럼에도 출산하여 아기가 세상에 나오는 것을 보는 경험은 경이롭고 행복하므로 사람들은 고통을 감내하고서라도 출산의 순간을 기다린다.

성공이라는 것이 그렇다. 쉬운 성공은 없다. 그러나 작은 성공은 있다. 중요한 것은 작은 성공의 경험을 통해 더 큰 성공으로 올라가는 과정이다. 어떤 큰 성공 혹은 성취를 이룬 사람은 말한다. 쉽게 된 것이 아니라고. 매우 고통스러운 과정을 통과했다고. 물론 고통 자체를 말하는 것은 아니다. 성공한 사람이 말하는 고통이란 변화를 위한 역경이며 성장을 위한 고난의 시간이다.

그런데 많은 사람이 이러한 이야기를 귀담아듣지 않는다. '성공도 쉽게 오지 않겠는가?'라고 생각하며 성공한 사람의 이야기를 흘려보내곤 한다. 왜일까? 이는 성장과 성숙의 과정이 없었기 때문이다.

최근에는 한순간의 일확천금으로 큰 부자가 되는 것을 꿈꾸는 사람이 많아졌다. 일확천금으로 큰 부자가 되는 것은 대단한 행운이다. 다만 명심해야 할 것이 있다. 큰돈을 다뤄보지 않은 사람이 어느 순간 찾아온 큰돈을 잘 관리할 수 있을까? 우리는 자주 이런 것을 놓쳐버린다. 초등학생에게 1천만 원을 용돈으로 준다면 잘 쓸 리가 만무하다. 일확천금이 찾아온다고 하는 것은 이와 별반 다른 이야기가 아니다. 성인이기 때문에 돈을 잘 쓰고 잘 관리하는 것이 아니다. 돈에 대한 훈련이 된 사람이 돈을 잘 관리하며 잘 사용할 수 있다.

작은 것에서부터 올라오지 않은 사람이, 어느 날 갑자기 큰 그릇의 사람이 되는 일은 절대로 일어나지 않는다. 이것이 세상의 이치이다. 우리는 삶의 순간에 찾아오는 많은 일을 세심하게 바라봐야 한다. 그리고 작은 일에서부터 잘 처리하는 방법을 배워야 한다. 작은 성공 또한 경험해야 한다. 성취하는 경험을 갖는 것은 대단히 중요하다. 성취 경험이 있어야 다음 단계로 도약할 힘이 길러진다.

그렇지 않겠는가? 100m 달리기에서 우승을 한 선수가 200m 달리기에도 도전할 마음을 품을 수 있는 것이 아니겠는가? 이처럼 크고 작은 성취를 경험해야 다음 단계로 도약과 전진을 이뤄낼 수 있다.

성공 경험이 중요한 이유는 동기를 부여할 뿐만 아니라, 동기를 극대화하는 역할을 하기 때문이다. 반대로 실패 경험이 쌓이다 보면 동기를 감소시킨다. 실패를 극복하기 위하여 작은 성취의 경험이 필요하다.

실패를 줄일 수는 있어도 실패 자체를 안 할 수는 없다. 그러므로 실패가 찾아왔을 때 그것이 우리 삶에 좋지 않은 영향을 주는 것을 막는 것이 필요하다. 이를 위해서는 작은 성취 경험을 계속해서 만들어야 한다. 그러나 궁극적으로는 실패를 겪었을 때, 그것이 우리 삶에 영향을 주지 않도록 자신을 단련해야 한다.

왜 사람들은 실패를 겪었을 때, 동기가 감소하거나 혹은 사라지는 것일까? 그것은 우리가 어떤 것을 할 때, 방향을 학습 목표에 두지 않고 평가목표에 두기 때문이다. 학습 목표는 배움 자체에 의미를 두는 것이고, 평가목표는 성취의 달성 여부에 의미를 두는 것이다. 이들 중 무엇이 우리를 발전하게 하고 도약하게 할 수 있을까? 바로 학습 목표다.

평가목표에서 학습 목표로 바꾸어야 하는 이유는 평가목표를 달성하지 못했을 때 발생하는 부정적인 결과 때문이다. 즉, 자신을 발전시키기 위해서가 아니라 어떤 것을 이루기 위한 행위는 성취의 경험을 계속하지 않는 한 오래 지속되지 못한다.

우리는 인생의 방향을 성취나 달성에 두지 말고 발전에 두어야 한다. 그것이 우리를 뒤처지지 않고 계속해서 앞으로 나아갈 힘을 제공하여 줄 것이다.

5장

채움의 본질

01. 인간은 미래적 존재이다

나와 타인의 다름을 인정하는 부분에서 사람들은 많은 오류를 나타낸다. 이러한 오류는 '나의 기준' 또는 '나의 관점'에서 바라보았기 때문이다. 내가 실패하면 다른 사람도 실패해야 한다고 생각하는 경우가 그러하다. 반대의 경우에는 어떠한가? 내가 성공했을 때, 다른 사람도 성공해야 한다고 생각하는 사람은 얼마나 될까?

사람들은 저마다의 기준과 가치관을 가지고 산다. 물론 대부분은 보편적인 원리와 원칙을 따르며 살지만, 어떤 상황이 자신에게 중요하게 다가올 때는 보편적인 원리, 원칙보다는 나의 기준과 관점을 적용하여 해석하는 경우가 사실 더 많다.

이것이 중요한 이유는 '나'라는 불완전한 자아가 삶을 끌고 가는 방식 때문이다. 앞서 말한 두 가지 상황에서 내가 실패한 경우에는 다른 사람도 실패해야 한다고 생각하지만, 내가 성공한 경우에는 다른 사람은 그렇지 않기를 바라는 경우가 많다. 물론 모두가 그런 것은 아니다. 저자가 말하고 싶은 것은 우리가 살면서 나타내는 반응이 늘 일관되지는 않다는 것이다. 이는 훈련되지 않은 자아에서 혹은 잘못된 자아개념에서 발생하는 문제이다.

주위를 둘러보면 성공을 바라는 사람이 적지 않음을 볼 수 있다. 어떠한 목표와 꿈을 가지고 그것을 이루기를 원하는 사람이 우리 주위에는 반드시 존재한다. 인간이란 동물과 달라서 미래를 향해 나아가기를 바란다. 미래를 향해 전진하기를 소망한다.

더 나은 삶을 위해 무엇을 해야 할지, 어떤 행동을 해야 할지 고민하는 동물을 본 적이 있는가? 동물은 주어진 상황과 환경에 적응하며 사는 존재이다. 물론 인간도 이러한 모습을 가지고는 있다. 그러나 확연하게 인간은 미래적 존재이다. 과거이자 현재이며 미래를 가진 존재이다. 이것이 인간의 본연의 모습이며 정체성이다.

과거가 없는 인간은 없다. 마찬가지로 우리는 모두 현재를 사는 인간일뿐더러 미래에 대한 어떠한 가치를 부여하는 존재이기도 하다. 이것을 아는 것은 매우 중요하다. 과거와 현재와 미래는 서로 연결되어 있으며 이것은 각각에 중요한 의미를 지니고 있다.

성공하기를 바라거나 어떠한 목표를 이루기를 소망한다면 우리는 과거의 나를 돌아보고 현재의 모습을 살펴봐야 한다. 그런 후에 미래의 모습을 떠올릴 수 있어야 한다. 인간이라는 존재에 대한 정체성이 바로 서지 않으면 우리는 앞으로 나아갈 수 없다.

한편, 오랜 시간 어떤 목표를 지향했고 성공을 꿈꿔왔지만, 그것이 현실로 나타나지 않는다면 자신을 인간 본연의 모습과 비교해 보아야 한다. 인간은 본래 소망을 가진 존재이며 소망한 것을 이루기 위해 전진할 수 있는 존재이다. 이뿐만이 아니다. 인간은 미래적 존재이기에 반드시 현재보다 더 나은 삶을 위해 나아가야 안정감을 얻는다.

성공한 사람은 이것을 발견한 사람들이다. 그들에게는 어떤 특별한 것이 있어서 성공을 이룬 것이 아니라 미래적 존재를 발견했기 때문에 소망했고, 전진했고, 그것을 잃어버리지 않은 것이다. 그래서 궁극적으로 성공에 도달할 수 있었다.

운동선수가 본연의 정체성을 잃어버리고 다른 것에 매진한다면 어떤 일이 벌어지겠는가? 축구 선수가 축구장에서 체조하고, 체조 선수가 경기장에서 태권도를 한다고 상상해보자. 학교 수업 시간에, 수학을 배우는 시간에 영어를 공부하고, 영어 시간에 음악을 공부한다고 상상해보자. 어떤 일이 벌어지겠는가? 축구 선수는 더는 축구 선수가 되지 못한다. 축구 선수는 축구에 매진할 때에야 발전할 수 있고 자신의 꿈을 이룰 수 있다. 수학을 배우는 시간에 영어 공부를 하고 영어를 배우는 시간에 음악을 하는 경우도 마찬가지이다. 우리는 원하는 목표를 달성할 수 없을뿐더러 만족하는 삶을 살 수 없다.

우리는 해야 할 일을 해야 한다. 궁극적으로는 인간 본연의 정체성을 깨달아야 한다. 정체성이 흔들리고 왜곡되어 버리면 인간은 주저앉고 만다. 다시는 앞으로 나아갈 수가 없다.

인간은 미래적 존재이다. 더 나은 삶을 향해 전진하는 존재이다. 우리는 이제 깨달아야 한다. 과거와 현재, 그리고 미래를 사는 인간에게 필요한 것은 '인간' 그 자체이다. 이것을 깨닫지 못하면 삶의 의미가 사라지고 만다. 의미가 사라지면 다시는 행복이 찾아오지 않을 수도 있다. 인간이라는 본연의 정체성을 알고 그것이 주는 메시지에 몸을 맡기면 우리는 성공할 수 있고, 원하는 목표를 성취할 수 있다.

02. 인간은 질문하는 존재이다

인간은 더 나은 삶을 살기를 원한다. 그리고 더 나은 존재가 되기를 원한다. 그런데 이러한 것은 바란다고 해서 되는 것이 아니다. 소망하는 것과 별개로 소망을 미래에 현실로 만들기 위하여 이를 이어주는 연결고리가 있어야 한다.

변화는 이어지는 것이다. 변화는 어느 한순간의 행동으로 찾아오지 않는다. 변화는 끊임없는 축적의 결과이며 산물이다. 오늘이 쌓이면 그것이 인생의 한 부분이 되고, 인생의 부분 부분이 모여 인생 전부가 되는 것이다. 그렇기에 우리는 하루를 잘 살아야 하고, 하루의 순간, 순간을 충실해야 한다.

잘 산다는 것은 무엇을 말하는 것인가? 어떻게 사는 것이 오늘의 소망을 미래의 현실로 이어주는 연결고리가 되는 것일까? 하루를 사는 동안에 우리는 어떤 행동을 취해야 하고 어떤 생각을 통해 어떤 결정을 해야 할까?

우리는 질문해야 한다. 그래야 답을 얻을 수 있고 찾아낼 수 있다. 자신을 향해서 질문하고 세상을 향해서도 질문해야 한다. 본질이 빠지면 속이 빈 그릇밖에 되지 않으며 당연지사 그 안에는 내용이 없고 핵심도 없다. 질문해야 하는 이유는 본질을 찾기 위함이다. 본질을 알아야 가야 할 방향을 볼 수 있다.

인간은 본래 질문하는 존재로 태어났다. 성장하는 존재로 태어났다. 유아 시절 눈에 보이는 모든 것이 신기하고 궁금해서 끊임없이 질문하던 때가 모두에게 있었다. 바로 그 모습이 인간 본연의 모습이다. 인간은 채워지기를 원하고 성장하기를 원한다. 다만 그것을 인지하는가, 인지하지 못하는가의 차이가 있을 뿐이다. 인간 본연의 모습을 따라가다 보면 자연스레 성장하는 인간이 된다. 그런데 우리는 이 흐름의 방향을 자주 멈추거나 바꾸어 버리곤 한다.

출간 후, 세계적으로 3,000만 부가 팔렸다는 『성공의 법칙』을 쓴 저자 맥스웰 몰츠는 인간의 본능에 대해 이렇게 말했다.

> 행복, 성공 그리고 마음의 평화처럼 인생 최고의 개념이라고 생각하는 것이 무엇이든 우리는 더 나은 삶을 위해 그러한 것들을 본능적으로 원한다. 하지만 우리가 행복과 자신감, 성공의 개념을 너그럽게 받아들여야만 비로소 더 나은 삶을 즐길 수 있다.[1]

더 나은 삶은 성공을 원하고 발전을 원하는 특정 부류의 사람만 해당하는 것이 아니다. 인간이라면 모두에게 내재하여 있는 본능적인 갈망이다. 다만 그것을 받아들이는 정도에 따라서 나타나는 현상이 다를 뿐이다.

우리 주위에 나와 다른 삶을 사는 사람이 있다. 같은 상황에서도 다른 반응을 하는 사람이 있고, 같은 공간에 있지만 다른 행동과 다른 생각을 하는 사람이 있다. 우리가 해야 하는 것은 이들을 관찰하는 것이다. 그리고 나를 돌아보는 것이다. 어떤 행동을 따라 하는 것이 중요한 것이 아니라, 그들은 왜 그렇게 했고, 왜 그러한 생

---

1. 맥스웰 몰츠. 『성공의 법칙』. 비즈니스북스. 2019. p 51-52.

각을 품게 되었을까를 따져보는 것이 필요하다.

질문이 없으면 답이 따르지 않는다. 성공에 대한 답을 얻기 위하여 성공에 관해 질문해야 한다. 더 나은 삶에 관해 답을 얻고 싶다면 더 나은 삶이 무엇이고, 어떤 의미를 담고 있고, 어떤 것을 해야 하는지에 관해 계속하여 질문해야 한다.

성공한 사람, 목표를 성취한 사람은 답을 아는 사람이 아니다. 질문을 한 사람이다. 더 깊게 질문하고, 더 깊이 생각하고, 더 깊이 고민하여 답을 찾아낸 사람이다. 답을 찾기 전에 먼저 질문할 줄 알았던 사람인 것이다.

시계가 만들어진 이유는 시간에 대한 궁금함이 있었기 때문이다. 자동차가 존재하는 이유는 멀리 가는 이동 수단, 그리고 빠르게 가는 이동 수단에 대한 질문이 있었기 때문이다. 질문은 인간만이 할 수 있는 고유한 특성이다. 동물은 질문하지 않는다. 벌어지는 상황에 대해 이유를 묻지 않는다. 동물은 벌어지는 상황에 적응할 뿐이다. 그러나 인간은 다르다.

인간은 질문하고 답을 찾아가는 과정 가운데서 성장한다. 인간이 본래 질문하는 존재이기에 우리는 질문해야 하고 질문하지 않으면 앞으로 나아갈 수 없다. 인간은 결코 본능으로 사는 존재가 아니다. 동의하는가? 동물은 굶주림을 해결할 때에도 무엇을 먹어야 할지 깊이 고민하지 않는다. 사냥감을 발견하면 그 즉시 먹이는 정해진다. 지금, 이 순간의 먹이는 눈앞에 놓인 사냥감인 셈이다. 그러나 인간은 어떠한가?

인간은 끊임없이 질문한다. 밥을 먹을 때도, 음료수를 마실 때도, 영화를 볼 때도 질문하고 고민한다. 질문은 인간만이 할 수 있는 가장 고상한 특징이며 인간을 인간답게 해준다.

만약 우리가 질문하지 않고 산다면 어떤 모습이 펼쳐질까? 아마도 원시의 모습에서 한 발짝도 앞으로 나아가지 못했을 것이다. 질문이 없다는 건 고민이 없다는 것이고, 현상에 만족하거나 혹은 순응하며 살아가는 것을 의미한다. 이런 삶에는 발전이 찾아올 수 없다. 다시 말하지만, 인간은 질문하는 존재이다. 더 나은 삶을 원하는가? 그렇다면 더 좋은 질문을 하라. 더 좋은 질문을 할수록 더 좋은 답에 접근하고, 그것이 더 좋은 인간을 만들어 줄 것이다.

전 세계에서 가장 큰 영향력을 끼치는 민족을 꼽으라면 유대인을 꼽는다. 유대인은 학문적으로 뛰어날 뿐만 아니라 경제적으로 엄청난 영향력을 행사하고 있다. 그러나 이러한 결과가 애초부터 그랬던 것은 아니다. 유대인은 오랜 세월을 거쳐 세계 곳곳에 흩어졌다. 어느 민족과 비교해도 가장 많은 희생과 슬픔의 역사를 가진 민족이다. 이러했던 민족이 지금은 세계를 움직이고 있다고 해도 과언이 아닐 정도로 매우 큰 영향력을 갖고 있다.

어떻게 해서 이러한 현상이 나타날 수 있었던 것일까? 그들의 역사를 거슬러 가보자. 유대인은 과거 자신들의 민족이 겪었던 고통스러운 아픔을 잊지 않는다. 그리고 더는 이러한 아픔을 겪지 않기 위해 무엇을 할지를 어릴 적부터 고민하게 해준다. 그리고 고민 끝에 나온 것이 공부였다.

그런데 어떻게 해서 질문을 하는 문화가 만들어지게 된 것일까? 그것은 그들이 처한 열악한 환경에서 최선의 공부방법을 생각하다 보니 그렇게 되었다. 유대인이 하는 교육 방법을 보면 특별한 모습이 있다. 유대인은 삶의 지침서인 탈무드를 가지고 수시로 토론한다. 이들은 단순히 질문하고 토론하는 것이 아니라 탈무드를 깊이 파헤친다. 그 과정에서 인간의 정체성을 깨닫는다. 나아가 유대인의 정체성을 깨닫는다. 궁극에는 인간의 존재 목적을 깨닫고, 자신의 정체성을 발견한다. 이것이 유대인의 강점이고 지금의 영향력을 갖게 했다.

03. 빛을 발한다는 것, 희생

초의 존재 목적은 어둠을 몰아내고 공간을 빛으로 채우는 것이다. 초의 소임은 자신을 불살라 내어주는 것이다. 즉, 희생하는 것이다. 초가 만약 희생하지 않으면 어떻게 될까?

어릴 적에 저자는 이사를 많이 다녔다. 어떠한 이유가 있어서 이사했겠지만, 당시에는 그 이유를 알지 못했다. 다만 자주 이사하는 상황이 못내 아쉬웠다.

그도 그럴 것이 친구와 헤어지는 것은 가슴 아픈 일이었다. 그렇게 몇 번 이사하고 나니 어느 순간부터는 이사하는 것이 당연한 것처럼 여겨졌다. 어느 날, 이사를 앞두고 짐을 정리하던 중에 서랍 안쪽 깊숙한 곳에 있던 양초를 발견했다. 저자는 즉시 이것을 버렸다. 필요할 때 보이지 않다가 필요치 않은 때에 나타났기 때문이다.

초는 초의 역할을 해주어야 한다. 갑자기 정전이 되어 어둠이 찾아오면 필요한 것이 초이다. 그런데, 필요한 때, 제 역할을 해주지 못하는 초라면 있을 필요가 없는 것이다. 초는 불을 밝혀주어야 한다. 그러기 위해서는 자신을 희생해야 한다. 그래야 어둠을 몰아내고 공간을 빛으로 채울 수 있다.

성공은 변화를 전제로 한다. 변화 없이는 성장이 없고 성장 없이는 열매가 없다. 그리고 이러한 변화의 과정에서 가장 중요하다고 할 수 있는 것이 바로 '희생'이다. 누군가의 희생이 아니라 '나의 희생'이 필요하다. 나의 희생이란 무엇을 말하는 것일까?

영국에 윌버포스(Wilberforce)[2]라는 사람이 있었다. 노예제도 철폐를 외친 영국의 개혁가 윌리엄 윌버포스는 20년 동안 영국의 노예 무역제도 폐지를 위해 투쟁을 주도했다. 마침내 1807년에 이르러 그 투쟁에서 승리했다.

윌버포스의 이야기에서 주목할 점은 그의 희생이다. 윌버포스가 아니었으면 영국 식민지에서 노예제 폐지는 한참 후에나 이루어졌을 것이다. 또한, 윌버포스는 노예제 폐지를 위해 도덕적 개혁을 주장했고, 이에 대한 노력을 아낌없이 쏟아부었다.

희생은 변화를 가져온다. 희생 없는 변화는 표면적 변화밖에 이루지 못한다. 만약 우리가 성공을 바라고 어떤 목표를 달성하기를 원한다면 희생을 감수해야 한다. 이는 분명 쉬운 일이 아니다. 희생

---

2. 윌리엄 윌버포스(William Wilberforce, 1759-1833), 영국의 정치인, 윌리엄 윌버포스는 영국의 노예제도 폐지 운동을 이끈 정치인이다.

과정에 뼈를 깎는 노력을 동반해야 한다. 그러나 기억하자. 모진 풍파를 견뎌낸 나무일수록 더욱 강건해진다는 것을. 역경을 이겨낼수록 인생에는 더 강한 빛이 찾아온다.

이어 희생에는 자기 자신을 도려내는 과정이 필요하다. 산모가 출산의 고통을 겪은 뒤에 생명을 얻듯이, 희생이라는 고통의 시간을 감내해야 새로운 자아가 탄생하는 법이다. 이것이 바로 변화의 본질이다.

어떠한 법칙을 깨우치고 지식적으로 알았다고 해서 변화가 찾아오는 것이 아니다. 성공의 프로세스 또한 마찬가지이다. 많은 사람이 성공의 비법을 알기 원하지만, 성공의 본질은 깨닫지 못하는 경우가 많다. 성공의 본질을 깨닫지 못하면 표면적 변화에 머물고 만다. 수영하는 법은 배웠지만, 제자리에서 앞으로 나아가지 못하는 경우와 같다.

우리가 원하는 것은 수영하는 법을 익힘과 동시에 앞으로 나아가는 것이다. 제자리에 머무는 것을 바라고 있는 것이 아니다. 성공하는 법을 알았는데, 앞으로 나아가지 못한다면 무슨 소용이 있겠는가.

희생은 노력 이상의 것을 요구한다. 그리고 노력의 정점은 희생이다. 노력만으로는 변화를 이루어내지 못한다. 자신을 도려내는 희생이 없으면 현재보다 더 나은 삶은 찾아오지 않는다. 노력은 현재의 삶을 살게 하지만, 희생은 미래의 삶을 현재로 가져올 수 있다. 성공한 삶, 더 나은 삶을 바란다면 우리는 노력 이상의 희생을 감내해야 한다.

04 사소한 것의 혁명

티끌 모아 태산이라는 속담과 십시일반이라는 사자성어가 있다. 이는 작은 것이 가진 위대한 힘을 뜻하는 말이다. 오늘 가야 할 길이 끝이 보이지 않는 먼 길 같아도 한 걸음 한 걸음 가다 보면 마침내는 목적지에 도달하는 것을 말한다.

몇 년 전 학생을 가르치던 때의 일이다. 공부를 해보겠다고 찾아오는 학생이 있었다. 저자는 이들에게 동기부여와 자극을 통해 이전의 잘못된 습관을 버리고 공부에 몰입하게 했다. 어떻게 되었을까? 불과 며칠이 못 되어 학습에서 진전이 없는 것 같다고 투덜대는 학생이 생겨났다. 결국, 그 학생은 예전의 모습으로 돌아갔고 이전보다 못한 결과를 보였다.

결심했으면 시작해야 하고, 시작했으면 끝까지 가야 한다. 이것이 성공의 왕도이다. 지름길은 없다. 다만 정도는 있다. 이 정도를 따라가다 보면 끝이 보이고 마침내는 성공이라는 목표를 달성할 수 있다. 많은 사람이 왕도를 찾지만, 사실 우리에게 필요한 것은 정도이다.

정도의 길을 가기 위해서는 작은 것에 충실해야 한다. 그리고 이것이 쌓이도록 해야 한다. 작은 것을 반복하여 쌓으면 이내 큰 것이 된다. 앞에 놓인 도미노는 자신의 1.5배인 뒤의 도미노를 쓰러뜨릴 수 있다. 처음에는 5㎝에 불과한 도미노가 열여덟 번의 과정을 거치면 피사의 사탑만큼 높은 도미노를 쓰러뜨린다. 스물세 번째에 가서는 에펠탑을 쓰러뜨리고 서른한 번째에 가서는 에베레스트산보다 900m나 높은 도미노를 쓰러뜨린다.

놀랍지 아니한가?

작은 것이 위대한 이유는 작은 성취의 축적이 가진 힘 때문이다. 앞의 도미노가 뒤의 도미노를 쓰러뜨리는 성공의 축적이 쌓여서 피사의 사탑, 에펠탑을 쓰러뜨릴 수 있는 것이다. 작은 성취가 없으면 대개는 쉽게 포기하고 만다. 우리가 어떤 큰 대사를 이루고자 한다면 먼저 작은 일을 시작해야 한다. 작은 일의 성취가 주는 만족과 기쁨의 힘을 경험해야 다음 단계를 향한 에너지를 발산할 수 있다.

헬스클럽에서 트레이너로 일하던 친구가 저자에게 했던 이야기다. 당시 저자는 친구의 이야기를 듣고 신선한 충격을 받았다.

"근육이 어떻게 만들어지는지 알아? 자기 힘의 한계까지 운동 횟수를 늘린 다음 더 할 수 없을 것 같은 상황이 오면 그때 한두 번 더 시행하는 거야. 그러면 그 한두 번 더 시행한 것으로 인해 근육이 만들어져."

한두 번 더하면 근육을 만들고 또 그것이 쌓여서 더 단단한 근육을 만든다. 이것은 작은 것이 가져오는 놀라운 변화를 설명한다. 작은 것이 쌓이면 단단해진다. 더 강해진다. 단지 성취의 축적으로 끝나지 않고 내면의 힘을 강화해 준다. 결국, 이것이 더 단단한 정신력을 만들어서 달려갈 수 있게 하는 것이다.

운동을 처음하는 사람이 바로 100kg이 넘는 바벨을 드는 일은 일어나지 않는다. 어떻게 해서 근육이 만들어지고 언제쯤 100kg이

넘는 바벨을 들게 될 것이라고 알려주어도 궁극적으로 작은 성공의 축적이 없으면 100kg이 넘는 바벨을 드는 일은 일어나지 않는다.

무언가를 아는 것은 중요하다. 그러나 아는 것은 머릿속에서 머물고 이것을 밖으로 끄집어내기 위해서는 현실화하는 과정이 있어야 한다. 그리고 현실화 과정은 꾸준한 반복과 작은 성취의 경험으로 가능하다. 저자는 이것을 사소한 것의 혁명이라고 부른다. 작은 것이 모여서 나중에 엄청난 폭발력을 지닌다면 가히 혁명적이라 부를 수 있지 않겠는가.

05. 변화는 준비된 자에게 찾아온다

변화는 단단한 껍데기를 깨고 나오는 탄생의 순간과도 같아서 진통의 시간이 필요하다. 어떤 사람은 생명이 탄생하는 순간의 고통을 덜어주고자 껍질을 깨뜨려주기도 한다. 그런데 이렇게 해서 세상 밖으로 나온 새끼는 버틸 힘이 약하여 이내 오래 버티지 못하고 죽어 버린다. 변화의 과정 자체가 고통스럽고 어려운 이유는 이 때문이다.

뼈를 깎는 고통의 순간을 감내해야 이를 통해 성숙한 자아로 다시 태어날 수 있다. 변화의 본질은 자아가 바뀌는 것이다. 이전의 불완전하고 미성숙했던 자아에서, 더욱 성숙한 자아로 성장하는 것, 이것이 본질이다. 그러나 모든 사람이 변화할 수 있는 것은 아니다. 변화는 고통스러운 과정을 감내할 역량을 키우지 않으면 이내 제자리로 돌아간다.

『결국, 이기는 사람들의 비밀』에서 나오는 예화를 소개한다.

> 엄청난 자산을 지닌 부자가 어느 날 세상을 떠났다. 부자에게는 자식이 없었기에 먼 친척이 부자의 재산을 모두 상속받았다. 부자의 먼 친척은 길에 돗자리를 깔고 앉아서 행인에게 구걸하는 거지였다. 막대한 유산을 물려받은 거지가 있다는 소문을 들은 기자가 그를 찾아갔다.
>
> "하루아침에 운명이 바뀐 행운아가 바로 당신이군요! 큰돈을 상속받고 나서 뭘 샀나요?"
>
> 그러자 자리에서 일어난 거지가 자랑스러운 말투로 대답했다.
>
> "새 돗자리를 샀답니다."
>
> 성공 욕구를 불태우고 의지를 굳건히 하며 자신감과 투지를 불태우는 것만으로는 성공 신화의 주인공이 되기에 충분하지 않다. 성공을 꿈꾼다면 좋은 습관을 들이기 위해 노력해야 한다. 좋은 습관이 몸에 밴 사람은 성공의 궤도에 안착하며 인생의 목표를 실현한다.[3]

성공을 바란다면 성공하기 위해 훈련해야 한다. 훈련이 되지 않은 상태에서 찾아오는 성공은 성공이 아니라 불행일 수 있다. 주위에서 보면 많은 사람이 한순간에 일확천금의 행운을 얻거나 어떤 목표를 이루는 것을 소망하며 사는 것을 볼 수 있다. 이들을 가만

---

3. 리웨이 원. 『결국. 이기는 사람들의 비밀』. 갤리온. 2017. p163.

들여다보면 정작 중요한 것을 놓쳐버리는 경우가 있음을 본다. 이런 일은 다반사로 일어난다.

가령 돈의 가치와 쓰임에 대한 훈련이 없는 초등학생에게 1억 원의 돈을 주었다고 해보자. 충분한 시간을 두고 이 초등학생이 돈을 어떻게 사용할지를 예상해 보는 것은 그리 어려운 일이 아니다.

우리는 이러한 것들을 간과하고 살아간다.

성공하기 위해서는 성공에 도달하기 위한 예비 훈련이 있어야 한다. 큰 부자가 되고 싶다면 돈에 대한 훈련을 절대적으로 선행해야 한다. 단지 좋은 습관을 지니라는 말이 아니다. 예화에서처럼 한 순간에 벼락부자가 된 거지가 돈을 효율적으로 사용하지 못한 이유가 무엇이겠는가? 과거의 습관 때문인 것도 있겠지만, 그보다 돈에 대한 훈련의 부재가 가장 큰 이유이다.

변화는 변화를 바라는 사람에게 찾아온다. 그러나 더 정확히 말하면 변화는 준비된 사람, 훈련된 사람, 역량을 갖춘 사람에게 찾아온다. 또한, 변화는 그것을 갈망하는 만큼 변화가 일어난다. 왜냐하면 갈망의 정도에 따라 더 노력할 것이고, 더 인내하고 연단할 것이기 때문이다.

견디는 힘이 생기면 변화의 프로세스(과정)가 시작된다.

갈망이 차오르면 내면의 울림이 시작되고 울림의 단계까지 오면 주체할 수 없는 감정이 머리부터 발끝까지 채워진다. 이것이 바로 갈망의 높은 경지를 설명하는 말이다. 갈망의 높은 경지에 이르면 무언가를 해야겠다는 생각이 머릿속에서 맴돌기 시작한다. 무언가를 해야 하겠다는 외침이 온몸을 감싼다. 이쯤 되면 이제 무언가 할 수 있다는 확신도 따라온다. 사실 어떤 일을 할 때 확신이 없으면 시작할 수 없다. 확신이 서야 시작할 수 있고, 달려갈 수 있다.

그렇게 확신을 따라 마음과 생각이 하나 되는, 일치의 순간이 오면 그때부터는 진통이 일어난다. 그리고 오랜 시간 진통을 겪고 나면 새로운 자아, 성숙한 자아로 다시 태어나는 변화를 맞이한다.

성공에는 왕도가 없다. 정도가 있을 뿐이다. 변화의 과정을 거듭하다 보면 어느새 성공의 문턱에 서 있는 자신을 발견할 수 있다. 우리가 해야 하는 것은 변화의 프로세스를 따라가는 것이다. 변화의 프로세스라는 파도에 현재의 자아를 내던지는 것이다.

06. 믿음과 결단으로 진행하는, 변화

믿는 것과 믿어지는 것

이 차이를 알겠는가? '믿는 것'은 능동형이고, '믿어지는 것'은 수동형이다. 즉, '믿는 것'은 내가 하는 것이고 '믿어지는 것'은 그러한 상태가 되는 것이다. 변화에서 필요한 것은 '믿어지는 것'이 아니라 '믿는 것'이다. 변화는 믿어야 일어난다. 자신에게 믿음을 주어야 한다. 변화를 바라지만 변화하지 않았다면 자신에게 있는 믿음의 단계를 의심해 보아야 한다. 믿음이 부족하면 변화의 격차가 발생하기 때문이다.

수학 점수 90점을 목표로 하는 학생에게 필요한 것은 노력뿐만이 아니다. 90점을 맞을 수 있는 충분한 자격이 됨을 믿어야 한다. 믿는다는 것은 자동차에 엔진을 장착하는 것과 같다. 좋은 엔진을 갖추고 출발할 것인지, 좋지 못한 엔진을 갖추고 출발할 것인지는 믿음에 따라 달라진다.

우리가 어떠한 상태가 되지 못함은 노력이 부족한 탓도 있겠지만, 근본적으로는 믿음이 없어서가 가장 큰 이유이다. 그것을 마음에 두지 않기 때문이다. 또한, 믿음은 결단과 함께 가야 한다. 알고 있는가? 우리가 사는 세상은 믿음을 가지고 결단한 자들에 의해 돌아가는 세상이라는 것을. 믿음은 곧 힘이고 변화의 원천이다.

흔히, 사람들은 변화의 과정을 생각할 때 마음가짐을 떠올린다. 그러나 마음가짐만으로는 변화를 이루지 못하는 것은 물론이고, 시작조차 하지 못한다는 것을 알아야 한다. 마음가짐은 갖추어야 할 필수 요소지만, 핵심 요소는 아니다. 왜일까?

이를테면 좋은 마음가짐은 좋은 음식이라고 볼 수 있다. 좋은 품질의 엔진 오일이라고 볼 수 있다. 자동차에 질 좋은 고급 엔진 오일을 넣으면 차가 주행하면서 부드러워지고 더 수월하게 움직이는 걸 경험할 수 있다. 그렇다고 해서 좋은 엔진 오일이 차를 앞으로 나아가게 하는 핵심 요소는 아니다.

좋은 마음가짐은, 이를테면 성장 마인드 셋(growth mindset)[4]은 좋은 것이다. 잘 가도록 하는 것이다. 좋은 마음가짐은 앞으로 나아가는 데 있어서 분명 힘이 된다. 그러나 명심하자. 좋은 마음가짐은 좋은 상태를 만들어 주지만 그 자체로 전진할 수 있게 해주는 핵심 동력은 아니다.

자동차에서 가장 중요한 두 가지는 엔진과 연료이다. 비유하자면 믿음은 엔진이고, 결단은 연료이다. 엔진을 사람의 몸으로 가져오면 심장이다. 심장이 멎으면 사람의 수명은 즉시 중단한다. 마찬가지로 연료는 혈관에 흐르는 피다. 피가 온몸을 순환해야 생명을 유지하는 것처럼 자동차에서 연료는 이와 같은 역할을 한다. 믿음을 장착했지만, 연료를 채우지 않으면 차는 앞으로 나아갈 수 없다.

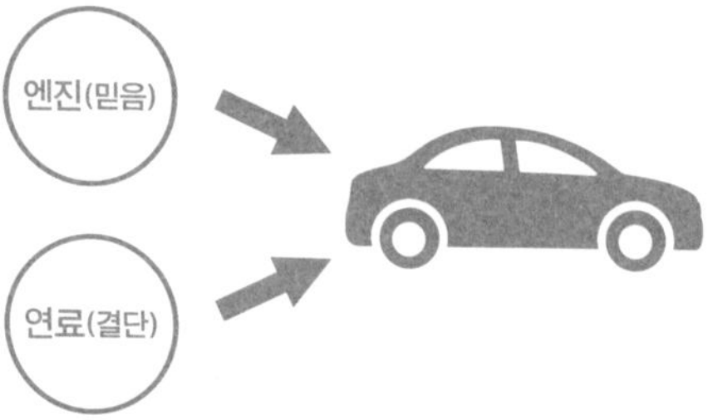

4. 스텐포드 대학의 사회심리학자 캐롤 드웩(Carol Dweck) 교수가 정의한 내용으로 '성장 마인드셋(growth mindset)'은 자질이란 것은, 노력만 하면 언제든지 향상될 수 있는 것이라는 믿음에 바탕을 두고 있다.

믿음이 중요한 또 다른 이유는 믿음이 가진 엄청난 힘 때문이다. 믿음은 저성능의 차를 고성능의 차로 바꾸어주는 튜닝(tuning:업그레이드)과도 같다. 변화의 삶에서 차의 겉모습은 그다지 중요치 않다. 성공은 누구에게나 열려있고 모두가 이룰 수 있는 것이다. 누더기를 입고 있다고 해서 주눅들 필요가 없다. 폐차 직전의 차를 가지고 있다고 해도 상관없다. 우리는 튜닝을 하면 된다. 좋은 엔진을 장착하면 된다. 그리고 연료를 채우면 된다.

놀랍지 않은가? 겉모습은 보잘것없어도 튜닝하면 여느 고급 차 부럽지 않게, 그보다 더 월등하게 잘나가는 차를 만들 수 있다는 사실이. 믿음과 결단은 변화할 수 없는 상황에서 변화의 혁명을 일으키는 원천이 된다.

삶의 도약을 꿈꾸고 있는가? 그렇다면 우리는 반드시 믿음을 갖추어야 한다. 목표를 크게 가질수록 믿음도 같이 키워야 한다. 목표는 매우 높은데 믿음이 낮은 수준에 머물고 있다면 이는 결코 목표에 도달할 수 없다. 서울대를 목표로 하는 학생이 스스로에게 '나는 할 수 없어'라고 한다면 서울대에 진학하는 일은 일어나지 않는다.

믿음이 중요한 이유는 믿음의 수준만큼 마음이 반응하고, 몸이 반응하고, 생각이 반응하기 때문이다. 곧, 믿음의 정도에 따라 소망했던 결과가 달라지기 때문이다. 한때, 사람들은 '소망하면 이루어진다.'라는 말을 자주 언급하곤 했다. 저자도 그 말을 믿었고, 그 말에 따라 소망을 품었다. 그런데 그 이상으로 나아가는 데는 그리 도움이 되지 못했다.

소망은 이루고 싶은 목표와 같다. 우리가 무엇을 하고자 한다면 그 무엇에 해당하는 소망과 목표가 있어야 한다. 그러나 명심할 것은 소망과 목표가 있다고 해서 목표가 이루어지는 것은 아니라는 사실이다.

목표는 내가 어디까지 가야 하고 얼마만큼 에너지를 쏟아야 하는지, 어떤 전략을 세워야 하는지 알려주는 방향키의 역할을 한다. 목표를 이루기 위해서 목표를 이루고자 하는 마음가짐뿐만 아니라 '목표를 이룰 수 있다'라는 믿음을 동반해야 한다. 그런 뒤에는 결단을 통해 나아가야 한다.

07. 변화의 본질은 내가 변하는 것이다

상황·환경의 변화는 나로부터 시작하는 것이 중요하다. 변화에는 개인적 차원의 변화와 사회적 차원의 변화가 있다. 사회적 차원의 변화는 개인적 차원의 변화가 모이면 일어난다. 그렇기에 개인의 변화가 일어나야 하고, 그 변화는 나로부터 시작해야 한다.

많은 사람이 주변의 상황·환경 변화를 소망한다. 그러나 냉정하게 말해서 내가 바뀌지 않는 한, 상황·환경 변화가 일어났다 할지라도 여전히 나의 삶은 변화하지 않은 채로 있다. 자신에게 한 번 물어보자. 상황, 환경 변화를 바랐던 것인가, 아니면 자신이 달라지기를 원했던 것인가? 상황·환경이 바뀌기를 바라는 마음 이면에는 다른 내가 되기를 바라는 욕구가 숨어 있다.

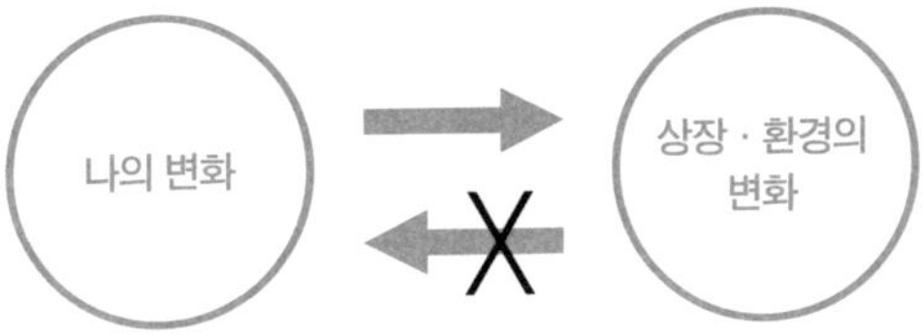

"공부를 잘하고 싶다"라고 했을 때는 공부를 잘하는 존재가 되고 싶은 것이지 단순히 성적만 오르는 것을 바라지 않는다. 성적이 오른다고 해서 공부를 잘하는 것은 아니다. 반면에 공부를 잘하면 성적 향상이 뒤따른다. 목표하는 바도 상승한다. 자신감이 생기고, 삶에 대한 의욕이 생기고, 세상은 가능성이 충만한 곳으로 바뀐다.

흔히 사람들은 공부를 잘하고자 성공을 이루고자 방법을 찾는다. 그러나 막상 방법을 찾아도 크게 달라지는 것은 없다. 그렇다면 우리는 무엇을, 어떻게 해야 할까?

그것은 그러한 존재가 되는 것이다. 운동을 갓 시작한 사람이 운동에서 목표하는 바를 이루고자 한다면 먼저 몸의 상태를 만들어야 한다. 운동을 좋아하는 사람이 되고, 운동에 익숙한 사람이 되어야 한다. 즉, 목표하는 바에 일치하는 사람이 되는 것이 핵심이다. 이것을 알겠는가? 순서가 뒤바뀌어 버리면 변화의 프로세스는 작동하지 않는다. 내가 변화된 이후에 상황과 환경이 변하는 것이다. 나의 수준은 50점인데, 누군가 100점짜리 성적표를 준다고 해서 나의 수준이 높아질 수 있을까? 그런 일은 절대로 일어나지 않는다.

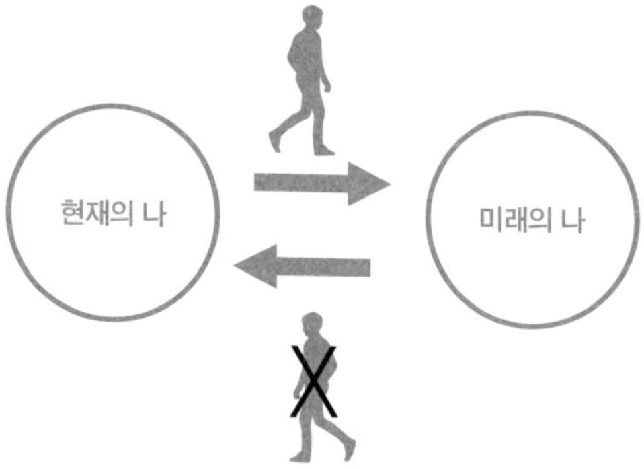

현재의 내가 미래의 내가 되는 것이지, 미래의 내가 현재의 나에게 찾아오는 것이 아니다. 지금 사는 현재의 내 모습은 과거의 나의 반영이자 결과물인 셈이다. 더 나은 미래를 소망한다면 현재의 내가 바뀌어야 하는 것은 당연한 일이다. 오늘의 노력이 있어야 내일의 열매를 기대할 수 있다.

변화의 본질은 항상 나에게서 시작한다는 것을 마음에 새기자. 마음의 주체도, 생각의 주체도 나이기 때문이다. 내가 어떠한 사람인가에 따라서 내면의 모습으로부터 외면의 모습이 나오는 것이지, 외부의 모습이 내면의 나를 만드는 것이 아니다.

물론 뇌과학 관점에서 보면 행동을 통해 마음을 바꾸고 생각을 바꿀 수 있다. 그러나 궁극으로 내면과 외면은 연결되어 있고 내면에서 출발하여 외부로 표출하는 것이다. 자연의 법칙을 보아도 물은 위에서 아래로 흐른다. 그래야 물은 제 역할을 할 수 있다. 변화의 프로세스도 마찬가지이다. 안에서 밖으로 퍼져나가는 것이다.

실패한 경험이 있는가? 쓰러지고 또 쓰러지고 낙심하여 좌절한 경험이 있는가? 그렇다면 이제는 일어날 때이다. 한번 패배, 한번의 실패 경험이 있다고 하여 영원한 패배자, 실패자가 될 이유는 없다.

인간은 미래적 존재이고, '나'라는 존재는 미래를 향해 전진하도록 만들어졌다. 그래서 '이전의 나'는 미래의 '나'로 이어진다. 즉 미래의 내가 되는 것이 중요하다. 미래 존재가 되는 것. 이것이 변화의 본질이다. 나의 한계를 뛰어넘을 것이 아니라 한계를 뛰어넘을 수 있는 나를 발견하면 삶이 달라진다.

이것은 특정인에게 해당하는 것이 아니다. 모든 이에게 해당하는 진리이다. 모든 사람에게는 잠재력이 있고, 변화할 수 있는 충분한 능력을 지니고 있다. 이것을 발견한 사람은 삶의 순간에서 계속하여 변화를 이루어내고 열매를 만들어 낸다.

잠재력은 나를 나답게 만드는 믿음에서 시작한다. 그리고 나를 나답게 만드는 과정이야말로 진정한 나를 찾아가는 과정이다. 어떤 사람이 가난에 처해 있다고 어려움에 직면해 있다고 그것이 그 사람의 전부가 될 수 없으며, 그 사람을 대변하는 것은 아니다.

믿음은 바라고 있는 바를 이루어 준다. 소망하는 것을 보게 한다. 이것은 진리이다. 성경에도 이런 구절이 있다.

"믿음은 바라는 것들의 실상이요, 보이지 않는 것들의 증거니(히 11:1)"

믿는 만큼 이루어진다. 바라고 꿈꾸는 만큼 그것이 현실이 된다. 보이지 않던 것이 명확한 실체가 되어 우리 눈 앞에 펼쳐지는 것. 이것이 믿음이 가진 힘이다. 우리를 달려가게 하는 것은 노력이 아니라 믿음이다. 1만 시간의 법칙과 몰입의 과정도 미래에 내가 그것을 이룰 것이라는 강한 믿음이 있어야 가능하다. 우리는 우리 자신을 믿어야 한다. 그래야 숨겨져 있던 잠재력이 현실이 되어 감추어진 나를 발견하게 한다.

08. 변화는 우리에게 신호를 보낸다

같은 자극에 다른 반응이 나오는 것은 감정 때문이다. 이 감정 뒤에는 우리가 필요로 하는 것이 다르기 때문이라고 리플러스 인간연구소 박재연 대표[5]는 말한다.

"느낌이라는 것은 충족되었거나 혹은 충족되지 못한 우리의 욕구를 드러내 주는 신호라고 마샬 로젠버그 박사(Marshall Rosenberg)[6]는 말합니다. 만약 어느 공간에서 외로움이 느껴진다면 여러분은 눈물이

---

5. 박재연. 리플러스 인간연구소(Replus HumanLab)의 소장. 국제 죽음교육상담전문가(Thanatologist, ADEC)이며 한국 기질상담협회의 자문 위원으로 활동하고 있다.
6. 마샬 로젠버그 박사(Marshall Rosenberg, 1934-2015). 미국 심리학자, 중재자, 작가 및 교사로 비폭력 커뮤니케이션을 개발했다.

날 수도 있고요. 그리고 아무것도 하지 않고 혼자만의 공간으로 가서 상념에 잠길 수도 있습니다. 그런 것은 우리에게 어떤 신호를 보내주는 건데요. 무엇이 필요한지 나타내는 신호입니다."

우리는 종종 어떤 음식이 유달리 먹고 싶어질 때를 느낀다. 이에 전문가들은 말한다.

"그것은 우리 몸이 보내는 신호입니다. 우리 몸에 부족한 것이 있을 때 우리 몸은 항상성을 유지하려는 시스템에 의해서 부족한 것을 채우기 위해 신호를 내보냅니다."

우리 몸이 신호를 보내고 있다는 것에 주목하자. 우리가 무엇을 바라고, 무언가를 이루기를 원하고, 성공하기를 원할 때 우리 몸은 이러한 생각과 마음에 반응하기 시작한다. 이것은 의지적 반응이기도 하지만, 자동적인 반응이기도 하다. 자동적인 반응은 신호로써 나타나는데, 이러한 신호가 우리에게 무엇을 해야 할지를 알려준다.

그래서 우리는 신호를 따라 적절한 때에 적절하게 반응해야 한다. 어찌 보면 우리는 어떻게 해야 우리가 원하는 바를 이룰 수 있는지를 이미 알고 있다. 누군가의 조언과 도움이 필요한 때도 있지만, 많은 경우 우리는 조언과 도움보다 우리를 자극해줄 것이 필요한지도 모른다. 자극이 올 때 우리 몸이 반응하기 시작하고 비로소 우리는 행동하기 때문이다.

때로는 고통스러울지라도

변화의 본질은 상대를 바꾸고, 환경을 바꾸고, 세상을 바꾸는 것이 아니라 나를 바꾸는 것이다. 그리고 나를 바꾼다는 것은 나를 성장시키는 것이다.

변화는 쉽게 찾아오지 않는다. 쉽지도 않을뿐더러, 때로는 고통스러운 과정을 동반한다. 그러나 좌절할 필요가 없고 좌절해서도 안 된다. 대한민국이라는 사회에서 우리는 학창 시절을 경험했다. 공부에 매달릴 수밖에 없었던 시간을 보냈다. 우리는 그 시절이 고통스럽고 어려운 시간이었음을 안다. 그럼에도 겪어야 했던 시간이라는 것도 안다. 우리가 변화를 위해 통과해야 하는 시간은 바로 이러한 것이다. 때로는 고통스럽고, 때로는 어렵고, 힘들고 짜증 나는 것. 때로는 낙심하며 절망하고, 눈물이 앞을 가리는 것. 이 시간을 통과해야 변화가 찾아온다.

자연의 현상을 관찰하다 보면 이해할 수 없는 광경을 목격하는 때가 있다. 오랜 시간 번데기로 외롭게 혹은 고통스러운 시간을 보낸 애벌레가 시간이 지나 비로소 껍질을 벗고 나오는 순간이 그러하다. 보잘것없고 하찮게 보이는 애벌레 시절을 보내고 나면 아름다운 날개를 가진 나비로 재탄생한다. 이것이 바로 변화의 본질이다. 애벌레가 나비가 될 수 있었던 것은 외롭고, 힘들고, 고통스러운 시간을 보냈기 때문이다. 인내의 과정을 통과했기 때문이다.

변화를 위해 겪어야 하는 과정을 통과해야 변화가 찾아온다. 그 여정이 어렵고 힘들고 고통스러울지라도 말이다. 성공한 사람은 말한다. 수많은 실패 이후에 성공하는 법을 알았다고, 그것이 성공으로 이끌었다고 한다.

우리가 더 나은 삶을 향해 나아가고자 한다면 지혜가 가르치는 대로, 신호를 주는대로 따라가보자. 쉽지 않은 여정일 테지만, 이를 따라가다보면 분명 원하는 목적지에 도달할 수 있다.

09. 변화는 순서를 따른다

많은 사람이 공식에 집중한다. 법칙에 집착하기도 한다. 성공의 공식 & 법칙. 관계의 공식 & 법칙. 대화의 공식 & 법칙. 공부의 공식 & 법칙. 그런데 많은 사람이 놓치는 것이 있다. 공식을 알지만, 법칙을 알지만 변화하지 못하는 경우가 있다. 변화하지 못하는 이유는 무엇일까? 그것은 '성공한 그들의 것'과 '나의 것' 사이에 격차가 있기 때문이다. 성공한 사람의 이야기에 담긴 노하우를 자신에게 똑같이 적용하기를 바란다면 단지 공식을 적용하고 법칙을 따른다고 해서 변화가 이루어지지 않는다는 사실을 깨달아야 한다.

그들의 것이 내 것이 되지 못하는 이유를 알아야 한다. 찾아야 한다. 몰라서일까? 알지만 실천력이 부족해서 그런 것일까? 그보다는 근본적인 문제가 있어서이다. 몰라서가 아니고, 실천하지 못해서도 아니다. 모른다는 것과 실천하지 못하는 것은 현상이지, 현상이 발생하는 원인은 아니다.

그들의 법칙이 '나의 법칙'이 되지 못한 근원적인 이유는 행동으로 옮길 중간단계가 부재했기 때문이다. 실천하기 위해서는 실천할 수 있는 지혜와 힘이 필요하다. 중요한 것은 그것을 어떻게 가지는가이다. 대개는 공부를 잘하기 위해서 몰입과 집중이 필요하다고 한다. 그런데 그것을 안다고 하여 변화가 이루어지는 것은 아니지 않은가?

어떻게 몰입하고 집중할 것인가를 알아야 하는 것처럼, 성공한 사람이 말하는 성공의 법칙을 어떻게 실현하는가를 알아야 한다. 그래서 필요한 것이 'Being(존재:채움)'이다.

우리는 종종 자신에 대해 착각하며 산다. 혹은 진리라고 여겨지는 것에 대하여 착각하며 산다. 앞서 말했듯이 진리는 만들어지는 것이 아니라 발견하는 것인데, 많은 사람은 여전히 진리는 만들어지는 것이라고 착각한다. 우리는 이제 우리가 무엇을 착각하고 있는지를 알고 이에서 벗어나야 한다. 그렇다면 우리는 무엇을 착각하면서 살고 있을까?

첫째, 우리는 '만드는 것'과 '발견하는 것'을 착각한다.

'만드는 것'은 '이루는 것'을 지칭하고, '발견하는 것'은 '되는 것'과 관련이 있다. 되는 것은 어떤 특정 부류에 해당하는 것이 아니라 모든 이에게 해당되는 과제이다. 대개 우리는 무언가를 이루는 것에 초점을 맞추며 살아간다. 그런데 무언가를 이루기 위해서는, 먼저 무언가를 하기 위한 존재가 먼저 되어야 한다.

둘째, 우리는 '내가 하는 것'과 '남이 들려주는 것'을 착각한다.

성공한 사람의 노하우나 법칙에 관해 강의를 듣거나 책을 읽으면서 우리는 마치 그러한 사람이 된 것처럼 착각하곤 한다. 저자도 오랜 시간 이러한 착각을 하면서 살았다. 강의를 듣거나 책을 읽으면 흡사 내가 무엇이 된 것 같은 느낌이 들 때가 있었다. 그러나 여전히 나는 나였고, 그들은 그들이었다. 어느 날, 저자는 그들의 이야기가 나의 이야기가 되지 않으면 아무런 소용이 없다는 것을 깨달았다.

자기 스스로 찾아서 발견해야 비로소 '나의 것'이 된다. 성공한 사람의 이야기는 완벽하게 내 것이 될 수 없음을 알았다. 그들의 경험이고 그들의 노력이기 때문이다. 성공한 이의 이야기가 나의 이야기가 되어야 하는 것은 맞는데, 완벽하게 내 것이 되지 못하면 우리는 무엇을 해야 할까? 그들의 이야기를 따라, 성공한 이들의 공통분모를 따라가되, 절대 따라갈 수 없는 간극에 도달하면 그때부터는 나의 이야기를 써야 한다. 내가 새로 발견해야 한다.

사람들은 흔히 잘못된 것을 알면서도 쉽게 고치려 하지 않는다. 이유가 무엇일까? 잘못된 것을 깨닫지 못해서일까? 놀랍게도 사람들은 알고 있다. 잘못된 것을 알고 있고, 어떻게 해야 할 수 있는지도 알고 있다. 그러나 대개는 제자리에 머물고 있다. 그래서 아는 것이 중요한 것이 아니라 아는 것을 어떻게든 표출하게 하는 내면의 세계가 중요하다.

사람의 행동을 드러내는 방식에는 의식과 무의식의 세계가 있다. 의식은 현재 나의 판단(자각)에 따른 것이고, 무의식은 학습한 습관에 따른 것이다. 의식적이든 무의식적이든 나라는 존재는 의식과 무의식을 통해 행동으로 드러난다. 행동이 먼저인 것이 아니라 의식의 세계가 먼저이며 무엇을 했는가가 중요한 것이 아니라 무엇을 생각했는지가 중요하다. 즉, 내 안에 무엇이 채워져 있는지 들여다보는 것이 중요하다.

채움이 되어야, 즉 어떤 사람이 되었는지에 따라 역량이 증가할 수 있고, 역량의 증가에 따라 변화가 일어나고 돌파가 일어날 수 있다. 이러한 일련의 과정은 매우 복잡하고 어려워 보인다. 그러나 간단히 생각하면 변화의 과정에는 먼저 도달하는 것, 먼저 움직이는 것이 있다는 뜻이기도 하다. 몸이 반응하기 전에 생각이 먼저 일어나는 것, 혹은 의식의 세계가 반응하기 전에 무의식의 세계가 반응하는 것 등이 바로 이러한 것이다.

현대의 뇌과학에서는 생각의 반응보다 몸의 반응이 먼저 일어난다고 말하기도 한다. 중요한 것은 단계를 거친다는 것이다. 예컨대 서울에서 부산으로 향하는 기차는 순서대로 정해진 역에 도착한다. 가까운 곳에 먼저 도착하고 그다음 지역에 도착한다. 순서가 어긋나는 경우는 발생하지 않는다.

우리가 성공하기 위해서는 이러한 순서의 메커니즘을 알아야 한다. 순서를 알면 우리가 무엇을 먼저 신경을 써야 하는지가 드러난다. 몸의 반응을 먼저 신경 써야 하는지, 생각의 반응을 신경 써야 하는지 우리는 알아야 한다. 왜냐하면, 우리가 어떤 순서를 따라 반응하는지에 따라서 제대로 갈 수 있거나 혹은 잘 못 가거나, 빠르게 가거나 먼 길을 돌아가거나 하는 결과로 나타나기 때문이다.

저자가 학생들에게 공부를 가르치던 때에 늘 하던 것이 있었다. 그것은 Step up Step by Step(단계적 성장)이다. 초등학생에게 어려운 고등학교 수학을 가르칠 수 없듯이, 공부도 단계를 거치지 않으면 안 된다. 단순히 순서를 강조하는 말이 아니다. 초등학생은 초등과정의 채움을 거쳐야 한다. 초등학생이 초등과정을 건너뛰고 중등과정으로 가거나 고등과정으로 가게 되면 문제가 발생한다. 채우지 않은 채 달려가는 것은 일시적으로는 빨리 달려가는 것 같지만, 오래가지 못하고 멀리 가지 못한다.

결핍은 결핍을 낳는 것이지 결핍은 결코 채움을 가져오지 못한다. 결핍이 동기부여가 될 수는 있다. 그러나 결핍 그 자체가 채움은 아니다.

우리는 반드시 채움의 단계를 거쳐야 한다. 순서를 따르면서 채움을 같이 경험해야 변화가 일어난다. 이것을 반드시 기억하자.

성공한 사람은 눈에 보이는 실체이다. 그러나 성공한 이의 삶에 녹아있는 엑기스는 눈에 보이지 않는다. 대개 사람들은 성공한 이의 책에 드러난 실체를 통해 변화를 꿈꾸고자 한다. 그러나 정작 중요한 것은 감추어진 엑기스이다. 우리가 어떤 사람을 대면할 때에 '그 사람을 안다'라고 말할 수 있을 정도가 되려면, 그가 살아온 인생의 여정 가운데로 들어가야 한다. 그래야 그들의 감추어진 엑기스를 발견할 수 있다. 물리적인 접근을 말하는 것이 아니다. 그들의 삶으로 들어간다는 것은 그들의 인생에 녹아있는 진짜 삶의 모습을 볼 수 있어야 한다. 이것이 성공한 그들이 우리에게 진정으로 주고자 하는 바일 것이다.

10. 모소 대나무가 말해주는 채움

중국의 극동지방에 모소 대나무라는 것이 있다.

이 대나무는 처음에 대나무 씨앗을 심고, 아무리 열심히 가꿔도 4년 동안 3cm밖에 자라지 않는다. 이를 관찰한 사람은 말한다.

"변화가 일어나지 않는데 그렇게 열심히 가꿔서 뭐하나요?"

변화의 본질을 제대로 알지 못하는 사람은 이를 보면서 변화가 일어나지 않는다고 한다. 그러나 본질을 아는 사람은 4년의 세월이 무엇을 의미하는지를 잘 알고 있다.

모소 대나무는 4년 동안 시간이 멈춰버린 것처럼 아무런 기미도 보이지 않다가 5년이 되던 해부터 매일 30cm씩 성장하여 6주 만에 빽빽하고 울창한 대나무 숲을 이룬다. 4년 동안 아무런 변화가 없다가 6주 사이에 놀라운 성장을 한 것처럼 보이는 것이다. 그러나 실상 모소 대나무는 4년 동안 아무것도 안 한 게 아니다. 4년 동안 모소 대나무는 무엇을 하고 있었을까?

그것은 바로 뿌리내리기이다. 커다란 나무로 성장하기 위해 뿌리를 만들고 그 뿌리를 더 깊이 내리고 있었던 것이다. 이것이 변화의 본질이다. 이것이 채움의 법칙이다.

채움이 되지 않으면 얕은 성장은 이룰지언정 더 높은 성장은 이루지 못한다. 채움의 시간을 얼마나 가졌는가에 따라서, 채움을 얼마나 더 많이 했는가에 따라서 우리는 더 높이, 더 멀리, 더 깊이 성장할 수 있기도 하고 그렇지 못할 수도 있다.

중요한 것은 뿌리내리기 즉, 채움의 시간을 갖는 것이다.

무엇의 채움인가? 우리 내면이 채움이다. 지혜의 채움이고, 역경의 채움이며, 생각의 채움이고, 노력과 몰입의 채움이다. 지혜가 있다고 해서 모든 것이 절로 이루어지는 것이 아니다. 역경이 있다고 해서 더 단단해지는 것도 아니다. 역경 자체는 우리를 단단하게 하지 못한다. 우리가 역경에 대처하는 태도를 어떻게 취하는가에 따라서 그 태도가 우리를 성장시킬 수도 있고, 더 연약한 존재로 만들 수도 있다.

많은 사람이 인생의 장애물이 있는 것을 좌절과 실패의 순간으로 생각한다. 그러나 장애물의 본질은 카멜레온과 비슷하다. 카멜레온은 환경에 따라 자신의 몸 색깔을 바꾼다. 장애물도 우리 내면의 상태에 따라 성질을 바꾼다. 우리 내면이 장애물을 위기라고 받아들이면 장애물은 우리 삶을 어둠으로 끌고 간다. 반면에 장애물을 기회라고 받아들이면 장애물은 우리 삶을 어둠에서 빛으로 이끌어 간다.

우리 내면을 가꾸는 것은 모소 대나무의 뿌리 내리기 과정과 같아서 짧은 시간에 걸쳐 만들어지지 않는다. 이것을 기억해야 한다. 주변을 보면 단기간의 효과를 바라는 사람이 있다. 이들에게는 결과도 단기간에 그친다. 그리고 이러한 현상은 우리 삶 곳곳에서 벌어진다.

저자가 학생들에게 공부를 가르치던 때, 이 현상을 많이 보았다. 성적 올리기에만 급급한 학생은 어떻게든 좋은 점수를 받으려고 성적과 관련한 것에 온갖 노력을 기울인다. 시험에 나올만한 부분을 집중하여 파고들어 머릿속에 저장하고 기억한다.

중학생 한 아이가 이렇게 공부하는 것을 보면서 저자는 그것이 오래가지 못하리라 예측했다. 그리고 그 학생은 고등학생이 되었다. 중학생 때의 높은 성적을 달성했던 아이는 고등학생이 되어서도 의기양양했다. 그러나 자신만만한 모습은 오래가지 못했다. 고등학교에서의 첫 시험을 치른 결과 성적이 확연하게 낮아짐을 경험한 것이다.

학부모는 성적이 떨어졌다고 학생을 질책했지만, 사실은 학생의 성적이 떨어진 것이 아니었다. 오히려 그 학생의 수준에 맞게 성적이 나온 것에 불과했다. 이러한 사실을 받아들이기란 쉽지 않다. 저자는 이것을 설명해 드렸고 이를 받아들일 수 없던 학부모는 그 즉시로 성적을 올려줄 다른 학원으로 학생을 전입시켰다. 그러나 그 학생은 오래가지 못했고 여러 학원을 돌아다니더니 결국은 저자에게 다시 찾아왔다.

저자는 이 학생이 매우 측은하게 느껴졌다. 성적을 올리려 하지 말고 실력을 키우는 데에 힘을 쏟았더라면 오랜 시간을 허비하지 않아도 되었을 것이다. 그래서 저자는 찾아오는 학부모에게 항상 하는 말이 있다.

"중학교 때 아무리 좋은 성적을 받았어도 그것이 성적을 올리기 위해서 학습을 해온 것이라면 오래가지 못할 것입니다."

잘못된 태도를 바꾸지 않으면 변화는 일어나지 않는다. 잘못된 성장은 일어날 수 있다. 그러나 분명히 올바른 성장은 아니라는 사실이다. 내가 생각하고 있는 성장이 잘못된 성장인지, 올바른 성장인지 확인할 필요가 있다. 겉으로는 화려하게 성장했지만, 내면의 뿌리 내리기가 잘못된 성장이라면 그 현상은 오래가지 못하여 도태한다. 우리는 성공이냐 실패냐를 따질 것이 아니라 성공과 실패를 어떻게 내면의 성숙으로 이끌어 갈 것인지를 보아야 한다.

인생의 목표를 성공에 맞추어서는 안 된다. 성공 자체에 초점을 맞추는 것은 화려한 겉모습과 같아서 그것이 화려할지언정 내면의 실력은 자라지 않았을 수 있다. 성공은 성숙과 같이 가야 한다. 오랜 시간 숙성기간이 있어야 향기로운 성공이 되는 것이다.

11. 보는 것보다 인식이다, 인식의 법칙

무엇을 생각하든 그 이상이다. 무슨 말 일까? '더 놀랍다'라는 말이다. 무엇이 더 놀랍다는 것일까? 우리가 인식하고 있는 것, 즉 바라보고 있는 것이 우리 삶에 가져오는 혁명적인 변화가 놀랍다는 말이다.

① 내가 세상을 바라보는 것.

② 내가 자신을 바라보는 것.

이 두 가지는 매우 중요한 역할을 한다. 우리가 무엇을 하든, 어떤 삶을 살든 우리 삶에 항상 영향을 준다. 그리고 이 두 가지 명제는 우리 삶의 전부이기도 하다. 우리는 항상 세상과 자신을 바라보며 산다. 그렇기에 우리가 이 두 가지에 대해 무엇을 생각하고 있는지를 아는 것은 대단히 중요한 문제이다. 생각을 어떻게 하느냐의 차원이 아니다. 매우 중요하며, 더욱 중요하고, 가장 중요한 일이다. 생각이 가져오는 결과는 인식의 차원을 뛰어넘는다.

어떤 이는 생각한 후에 행동하고, 어떤 이는 행동한 후에 생각한다고 한다. 무엇이 먼저일까? 생각한 후에 행동하는 것? 행동한 후에 생각하는 것? 이 물음에 대답하기 위해서는 다음의 중요한 사실을 기억해야 한다.

"인식이 생각을 결정한다. 인식이 행동을 결정한다."

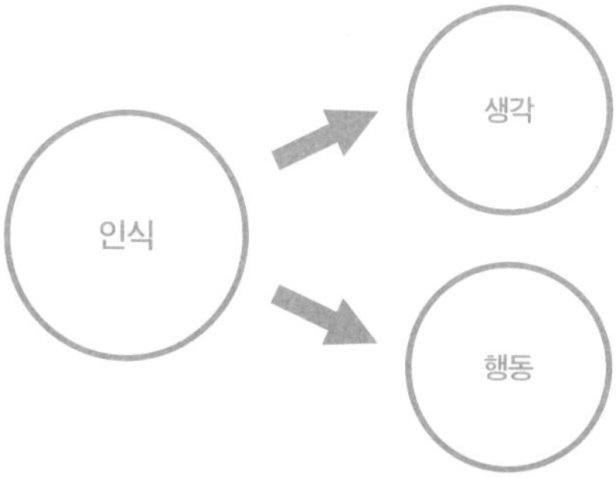

그림에서 보는 것처럼 무엇을 인식하고 있는가에 따라 생각을 결정하고, 행동을 결정한다. 인식은 생각의 차원을 뛰어넘는다. 인식은 오랜 시간에 걸쳐 굳어진 생각의 결정체이다. 또한, 오랜 시간에 걸쳐 굳어진 자아 개념의 결정체이다. 무엇을 생각하는가를 들여다보는 것도 중요하지만, 이보다 더 중요한 것은 무엇을 인식하고 있는가를 깊이 따져보아야 한다.

우리 삶은 생각을 따르고 있는 것처럼 보이지만, 실상은 인식을 따르고 있다. 인식하지 않은 것은 생각하지 않는다. 가령 우리가 공부에 대해 생각하고 있을 때, '공부는 중요하다'라고 인식하는 사람은 계속해서 공부에 관해 좋은 생각을 할 것이다. 반면에 '중요하지 않다'라고 인식하는 사람은 공부에 관해 부정적으로 생각할 것이다.

결국, 인식이라는 과정을 통하여 그에 따른 결과물이 나오는 것이다. 인식이라는 과정이 없으면 성공의 프로세스는 작동하지 않는다. 인식이라는 과정이 없으면 회복탄력성과 몰입의 프로세스도 작동하지 않는다. 그렇다면 인식이라는 과정에 우리가 마땅히 넣어야 하는 것이 무엇일까? 그것은 '의미'이다.

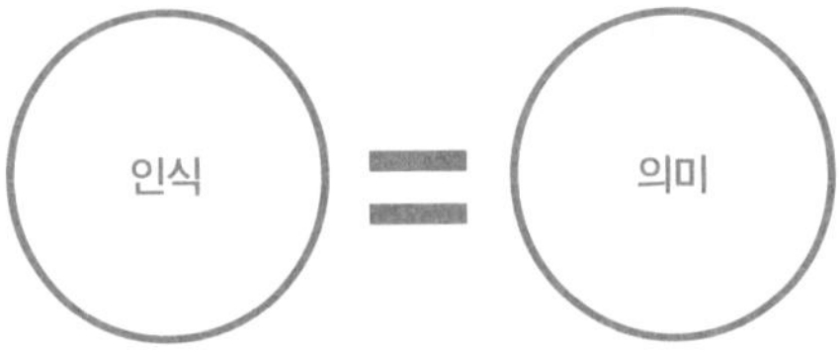

정확하게는 '의미 발견'이다. 의미를 발견하지 못하면 인식하지 못한다. 인식하지 않으면 프로세스는 작동하지 않는다. 가령 내가 어떤 사람과의 관계에서 발전을 바란다고 했을 때, '관계를 잘해야지.' 혹은 '말을 예쁘게 해야지'라고 생각을 한들 그것이 의미를 확보하지 않으면, 원하는 결과는 도출되지 못한다.

저자는 오랜 기간 이것을 두고 고민했다. 그리고 어느 날 우연히 찾아온 어떤 생각에서 '인식'이라는 것의 중요성을 발견했다. 공동체 안에서 자주 문제를 일으키는 사람에 관해 좋지 않은 감정을 품고 있었다. 그리고 저자는 그 사람에 대해 당연히 '저 사람은 참 나쁜 사람이야'라고 받아들였다. 그 사람과 마주하는 것이 싫었고, 같은 공동체에서 함께 한다는 것이 못내 불편했다.

그런데, 이것이 나를 편하게 하기보다는 힘들게 하는 것을 느꼈다. '저 사람의 문제가 왜 나를 힘들게 하는 거지?' 저자는 이것이 태도의 문제라고 치부했다. 그러나 태도는 쉽게 바뀌지 않았다. 어떤 사람은 저자의 태도를 바꾸라고 했다. 생각을 바꾸라고 했다. 행동을 바꾸고 마음가짐을 바꾸라고 했다. 그런데 저자는 그들에게 묻고 싶다.

"생각과 행동 그리고 마음가짐이 쉽게 바뀌는 건가요?"

적어도 내게는 이것이 굉장히 어려운 과정이었다.

'태도를 어떻게 바꾸라는 거지?'

'행동을 어떻게 바꾸라는 거야?'

'마음가짐이 쉽게 바뀔 수 있는 거야?'

'그런데, 왜 나는 그게 쉽지가 않지?'

원인을 찾지 못하면 해답을 결코 발견할 수 없다. 우리가 찾아야 하는 것은 근본적인 원인이지, 표면적인 답이 아니다. 표면적인 답은 궁극적인 본질에 다가서지 못한다. 가령, 내가 공부를 잘하고 싶은데, 그것이 쉽지 않다면 혹은 성공을 바라지만 그것이 쉽지 않다면 근원적인 이유를 찾아야 한다. 원인이 어디에서 비롯되는지를 파고들어야 한다.

물론 생각의 문제이고, 행동의 문제이고, 노력의 문제일 수 있다. 그러나 생각으로, 행동으로, 노력으로 될 수 없는 아니 그것을 아예 시작조차 하지 못하도록 하는 것이 존재한다.

저자는 문제의 원인이 태도와 행동, 마음가짐에서 오는 것이 아님을 알게 되었다. 문제를 받아들이는 인식의 문제가 핵심이었다. 부정적인 인식이 가져오는 결과물이 태도와 행동 그리고 마음가짐으로 드러났기에 궁극에는 나를 힘들게 했다.

저자는 인식을 바꾸었다. 그가 어떠한 사람이든, 이제는 나에게 영향력을 주지 않는 사람임을 받아들였다. 그도 나와 같은 사람이며 나와 같이 실수하고 부족함이 있는 사람이라는 것을 받아들였다. 그러자 놀라운 결과가 나타났다.

내 안에 평화가 찾아온 것이다. 상황은 바뀌지 않았는데 인식을 바꾸자 내게 변화가 찾아왔다. 아래는 『돌파력』에서 언급하고 있는 내용이다.

살다 보면 누구나 장애물과 마주칠 수밖에 없다. 그것이 공정하냐 아니냐는 별개의 문제다. 세월이 흐르고 경험이 쌓일수록 우리는 이 장애물이 무엇이냐가 중요한 게 아니라 그것을 어떻게 바라보고 어떤 식으로 대처하느냐, 어떻게 하면 차분한 이성을 유지할 수 있느냐가 중요하다는 사실을 알게 된다.

어떤 이는 위기라고 생각하는 상황을 또 어떤 이는 기회라고 생각한다. 어떤 이는 성공에 도취하여 정신을 못 차릴 때, 또 어떤 이는 더없이 냉철하고 객관적인 시선으로 현실을 바라본다. 어떤 이는 감정의 늪에 빠져 허우적거리고, 또 어떤 사람은 끝까지 차분한 이성을 잃지 않는다. 좌절, 절망, 두려움, 무력감…. 이런 것들은 우리의 인식이 만들어 내는 결과물이다.

무언가가 우리를 이렇게 느끼게 하는 것이 아니라, 우리 스스로가 그런 감정을 선택하는 것이다.

겉으로 드러나는 모습에 속으면 안 된다. 중요한 것은 속이다.

우리는 환상을 걷어내고 다른 사람이 믿는 것, 혹은 두려워하는 것을 다른 각도에서 바라보는 방법을 배워야 한다. 앞에 가로놓인 '문제'를 문제로 인식하지 않는 방법을 배워야 한다. 그러기 위해서는 외관이 아니라 본질에 초점을 맞춰야 한다.[7]

관찰과 인식의 차이점은 무엇일까? 관찰은 눈앞에 보이는 현상을 바라보지만, 인식은 그 이상의 것을 바라본다. 관찰하는 눈은 편견이나 과장, 혹은 오류 없이 사건을 바라보는 반면에 인식은 그것을 어떻게 가지는가에 따라서 장애물을 위기나 문제로 바라보게 할 수도 있고, 기회나 가능성으로 바라보게 하기도 한다.

인식은 우리가 충분히 통제할 수 있는 대상이다. 아니, 정확하게는 완벽하게 통제할 수 있는 대상이다. 인식은 우리의 상황을 바꾸지는 못하지만, 인식을 통해 우리의 반응을 바꿀 수 있다. 우리가 인식의 과정을 통해 상황과 환경을 해석하는 해석이 바뀌면 그것이 우리에게 미래를 향한 관문을 열어준다.

성공을 향한 여정에서, 어떠한 목표를 달성하는 과정에서 인식은 지대한 영향력을 갖는다. 따지고 보면 상황과 환경, 그리고 우리에게 주어진 조건은 우리가 어떻게 인식하는가에 따라서 친근하게 다가올 수도, 그렇지 않을 수도 있다. 우리는 선택해야 한다. 그리고 결정해야 한다. 무엇을 받아들일지, 어떻게 받아들일지는 각자

---

7. 라이언 홀리데이. 『돌파력』. 심플라이프. 2017. p31-32

의 몫이다.

다만 성공을 바란다면, 목표달성을 원한다면 인식이 가진 힘을 사용해야 한다. 그것이 우리를 불완전한 자아에서 안정된 자아로 만들 것이다. 그리고 안정된 자아는 미래를 향해 나아가게 할 것이다.

12. 나를 찾는 과정, 자아 발견

인식을 바로 잡기 위해서는 자아 개념이 바로 서야 한다. 왜곡된 자아 개념을 가지고 있으면 앞으로 나아갈 수 없을 정도가 아니라, 한 발짝도 나아가기 어렵다. 우리 사회에서 벌어지는 수많은 사건을 보면 왜곡된 자아 개념으로 인해 문제가 발생하는 것을 본다.

흔히 볼 수 있는 왜곡된 자아 개념은 I can't do it이다. 즉, '나는 할 수 없어'라고 단정 짓는 생각이다. 할 수 없다는 생각은 얼마나 치명적인가? 이 생각은 마치 인생을 송두리째 빼앗는 강도와 같다. 이 책에서 계속 언급한 것처럼 인간은 본래 미래적 존재이며 나아갈 방향을 알고 있다. 부족함이 있을지언정 미래를 향해 나아가는 존재이다.

우리가 우리 자신을 보는 관점은 나로부터 파생된 것이지, 객관적인 현상이나 환경에 의해서 결론 낸 것이 아니다. 가령, "나는 이런 사람이야"라고 했을 때, 이것은 스스로가 내리는 인식에 의한 것이지 누군가로부터 정의가 내려진 것이 아니다.

누구도 소중하지 않은 사람이 없고, 모두가 더 나은 삶을 향해 나아갈 충분한 이유가 있다. 절망으로, 나락으로 떨어져야 할 이유를 가진 사람은 아무도 없다. 그렇기에 왜곡된 자아 개념을 가지고 있는 것은 잘못된 믿음을 가지고 있는 것보다 더욱 위험하다. 강한 믿음을 가지고 있어도 자아 개념이 왜곡되어 있으면 우리 삶의 시스템은 믿음보다는 자아 개념으로 작동하기 때문이다.

세상을 발전시킨 것은 인간이다. 우리가 사는 지구를 지키고자 하는 것도 인간이다. 물론 인간의 크나큰 실수로 지구를 병들게 하기도 했다. 그러나 인간은 세상을 이롭게 하려는 존재이며, 더 나은 삶과 미래를 향해 나아갈 수 있는 존재이다.

인간은 미래를 바꿀 수 있는 강한 능력을 지니고 있다. '잠재력' 혹은 '재능'이라 불리는 것이 바로 그것이다. 잠재력은 본래부터 가지고 있던 것이다. 물론 사람마다 정도의 차이는 있다. 어떤 사람은 잠재력을 수면 위로 끌어올리는가 하면 어떤 이는 여전히 바다 깊숙한 곳에서 잠재력을 끌어올리지 못한 채로 산다.

잠재력을 수면 위로 끌어올리면 비로소 온전한 자아가 나타난다. 아무것도 아닌 존재처럼 느껴지던 자아가 마치 무한의 능력을 갖춘 자아로 재탄생한다. 이것이 진정한 자아 발견이다. 누구에게나 해당하고 누구에게나 있는 것. 그것이 바로 잠재력이다. 그리고 잠재력이 세상 밖으로 나오면 비로소 왜곡된 자아가 깨어지고 진정한 자아가 태어나는 것이다.

우리는 본래의 자아를 찾아야 한다. 본래의 자아가 드러나면 변화는 자연스럽게 시작된다. 성공의 길을 향해 삶이 바뀌어 간다. 많은 사람이 변화되지 못하는 이유는 여전히 왜곡된 자아 개념에서 헤어 나오지 못하기 때문이다. 왜곡된 자아 속에 파묻혀 있으면 잠재력 또한 표출하지 못하여 성공의 길, 목표를 성취하도록 하는 길을 가지 못하게 한다.

수영코치가 옆에 있다 해도 헤엄을 쳐야 하는 사람은 결국 자기 자신이다. 왜곡된 자아를 깨치고 나와야 하는 사람은 언제나 자신이다. 아무리 많은 성공 강의를 듣고 책을 읽어도 실현하지 못하는 이유는 스스로가 해야 할 과제를 하지 못해서이다.

다른 사람이 나에게 큰 힘이 되어 주어야 한다는 생각을 버려야 한다. 앞서 얘기했듯이 궁극적인 행동의 주체는 '나'이다. 명심하자. 공부를 잘하는 법을 터득하는 것과 공부를 잘하는 것은 별개의 문제이다. 잘하는 법을 익혔으면 그것을 수행해야 한다. 그리고 이것은 누군가가 대신해 줄 수 없다. 오로지 나의 몫이다.

변화를 이루어 가는 과정은 매우 고통스럽고 어려운 시간일 수 있다. 성공을 향해, 목표를 향해 달려가는 과정에서 수시로 낙담과 좌절의 순간이 찾아올 수 있다. 포기하고 싶은 마음이 자주 들 수도 있다. 이러한 시기가 찾아올 때, 이길 수 있는 비결은 내가 나에게 힘이 되어 주는 것이다. 내가 나에게 힘이 되어 주는 것만큼 강력한 힘을 불어넣는 것은 없다.

대개는 학창 시절에 필요한 것은 자신과의 싸움이라고 한다. 그러나 학창 시절뿐만 아니라, 성공으로 향하는 길, 목표를 이루어 가는 과정에서 자신과의 싸움은 필요하다. 그런데 자신과의 싸움이라고 하면 피하고 싶은 의미로 받아들이는 경우가 많다. 그것이 왜 필요한지를 이해하지 못할 수도 있다. 그러나 기억하자. 자신과의 싸움은 본래의 나를 찾는 과정이다. 자아 발견으로 가는 매우 중요한 과정이다. 그래서 해야 하고, 꼭 필요한 것이다.

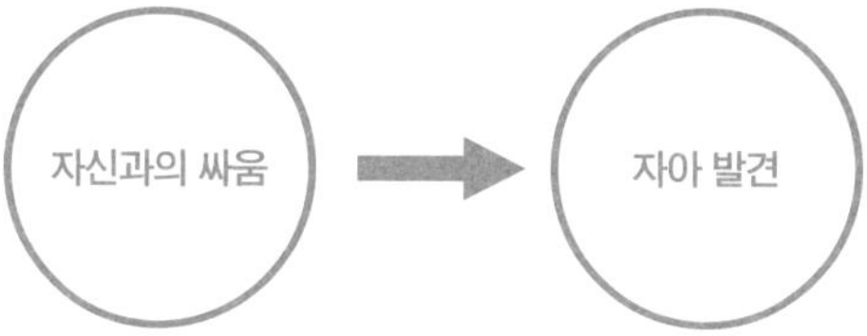

성공은 먼 미래의 일이고, 다른 사람의 전유물이라 생각하는가?

많은 사람이 성공은 자신과 동떨어진 것으로 생각한다. 그렇게 생각하는 이유는 ① '잘못된 인식' 때문이고 ② '왜곡된 자아' 때문이다. 우리는 잘못된 인식을 바로잡고 왜곡된 자아를 깨뜨리고 다시 태어나야 한다.

김춘수의 「꽃」이라는 시에서도 이를 표현하고 있다. 이름을 불러주기 전에는 하나의 몸짓에 지나지 않았는데, 이름을 불러주는 순간 내게로 와서 꽃이 된다고 한다. 우리가 그토록 갈망하며 바라는 것에 의미를 부여하지 않으면 그저 하나의 현상에 그치고 만다. 우리는 꽃으로 다시 태어나야 한다. 자신에게 제대로 된 이름을 불러주어야 한다. 하나의 몸짓에 지나지 않은 존재가 꽃이 되기 위해서는 본래의 자아로 다시 태어나는 과정이 있어야 한다.

대다수의 사람은 모두 어떤 존재가 되기를 바라며, 무엇을 이루기를 원하고 있다. 이를 위해서는 변화의 과정이 있어야 한다. 그리고 무엇이 되고 무언가를 이루는 자체에 의미를 부여해야 한다. 그래야 보이지 않는 것이 보인다.

세상의 수많은 법칙은 그것에 의미가 있으므로 가치가 있다. 저자는 이것을 학생들을 가르칠 때 깨달았다. 지식을 전달하는 것만으로는 그들에게 변화가 찾아오지 않는 것을 보았다. 나는 학생 한 명 한 명에게 의미를 부여했다. 내게 수업을 듣는 학생의 차원이 아닌 그들을 제자로 받아들여야 한다고 생각했다.

이러한 과정이 없었다면 그저 좋은 학생과 좋은 선생님의 관계 외에는 더 이상의 발전은 없었을 터이다. 나는 고민했다. 지식을 전달하는 것 외에 학생을 변화시킬 무언가가 필요했다. 성적을 올려주는 것은 외형적으로 좋은 현상이지만, 그것으로 만족할 수 없었다. 외적인 좋은 현상만 주는 것은 좋은 변화가 아니다. 그것은 변화의 본질에서 벗어난다. 외적인 좋은 현상은 시간이 지나면 다시 원점으로 돌아간다.

많은 사람이 변화에 대해 착각하는 것 중의 하나는 외적인 좋은 현상이 좋은 변화라고 생각하는 것이다. 이들에게는 이내 곧 실망과 좌절의 순간이 온다. 현상과 변화를 구분하지 못하면 우리는 본질적 변화를 기대할 수 없다.

어떻게 해야 변화의 본질을 끌어낼 수 있을까? 그것은 의미에 담겨 있다. 우리가 어떤 것을 대하는 의미가 달라지면 변화는 시작한다. 저자도 학생들을 제자로 대하기 시작하면서 그들에게 변화가 찾아오는 것을 경험할 수 있었다.

글을 마치며

우리 스스로가 발전하면 새로운 세계가 보인다

이어지는 삶에서 좋은 것만 취하며 사는 것은 쉬운 일이 아니다. 매 순간 좋은 선택을 한다고 하더라도 내면에서 그것을 거부해버리거나, 방향을 틀어버리면 결과적으로 좋은 열매를 맺을 수 없다. 궁극적으로 우리는 '존재'를 바꾸어야 한다. 지금의 모습에서 도약이 이루어지면 삶은 향기롭고 달콤한 열매들이 가득하게 될 것이다.

그동안에 우리는 무엇이 부족한지를 모른 채 누군가의 미션에만 매달려 왔다. 그 과정은 참으로 힘들고 버거운 시간이었다. 미션을 수행하기 위하여 미션을 수행할 만큼의 채워짐이 필요했음에도 우리는 눈앞에 보이는 삶의 변화에만 마음을 둔 채 정작 보내야 할 시간을 채우지 못했다.

사람마다 각기 다른 모습과 수준의 차이가 있음에도 똑같은 미션을 부여받는 것은 합당하지 못한 처사이다. 변화하지 못하는 원인을 파악하지 못한 채 미션 실패로 원인을 돌려버리는 일이 더 발생하면 안 된다. 근본 원인을 이해하고 자연스럽게 변화의 길로 들어설 수 있도록 도움을 주어야 한다. 우리 모두에게는 자격이 있고 가능성이 있다. 다만 그것을 발견하고 믿는 사람들에게 변화의 길이 열린다는 것을 항상 기억했으면 한다.

우리는 이제 내면 속으로 들어가, 그동안 표면에 가려져 보지 못했던 것들을 보아야 한다. 표면의 성공 법칙에 에너지를 쏟은 나머지, 정작 중요한 곳에 쏟지 못한 에너지를 제대로 쏟아야 한다. 성숙한 사람은 겉모습이 멋있지만, 그보다는 내면이 더 아름답다. 내면이 다듬어질수록 삶은 더 안정적이며 행복하고, 감사가 찾아오고, 성공이 찾아온다.

그렇다면 어떻게 해야 내면을 볼 수 있는 것일까? 그것은 바로 우리 자신을 끊임없이 발전시키는 것이다. 우리 자신을 발전시키는 핵심이 바로 내면에 있으므로 우리 스스로가 발전하면 그동안 보이지 않던 세계가 보인다. 내면의 세계가 보이기 시작하고 감추어져 있던 성공의 원리도 보이기 시작한다.

성공을 바라지만 성공에 이르기 위한 과정을 소홀히 하는 것에서 벗어나 성공 속에 감추어진 원리와 핵심들을 들여다보아야 한다. 표면적인 성공 법칙을 찾는 데서 벗어나, 근원적인 원리와 핵심을 찾는데 귀 기울여야 한다. 수면 위에 드러난 바다는 전체 모습의 일부분에 지나지 않는다. 바다의 진짜 모습을 보기 위하여 더 깊은 곳으로 들어가야 한다. 깊이 들어갈수록 눈 앞에 펼쳐지는 바다의 참모습을 경험하는 것처럼, 우리가 삶을 대하고 성공을 대하는 태도도 이와 같아야 한다.

2021년 5월

저자 채민 드림

채움

초판 1쇄 인쇄 | 2021년 6월 07일
초판 1쇄 발행 | 2021년 6월 14일

지은이 | 채민
펴낸이 | 김경배
펴낸곳 | 시간여행
디자인 | 디자인[연:우]
등 록 | 제313-210-125호 (2010년 4월 28일)
주 소 | 경기도 고양시 덕양구 지도로 84, 5층 506호(토당동, 영빌딩)
전 화 | 070-4350-2269
이메일 | jisubala@hanmail.net

종 이 | 화인페이퍼
인 쇄 | 한영문화사

ISBN 979-11-90301-13-8 (13370)